Werner Schiedermair

Schloss Weissenstein in Pommersfelden

Mit einem Vorwort
von Paul Graf von Schönborn-Wiesentheid
und Beiträgen von
Dorothee Feldmann, Uta Grund, Werner Schiedermair, Damiana Gräfin von Schönborn-Wiesentheid
und Tilmann von Stockhausen

Kunstverlag Josef Fink

Herausgegeben im Auftrag der
Gemeinnützigen Stiftung Schloss Weißenstein in Pommersfelden

Die Herausgabe erfolgt dankenswerterweise mit finanzieller Unterstützung durch
Raiffeisenbank Volkacher Mainschleife-Wiesentheid eG,
AXA ART Versicherung AG.

Umschlag
Blick auf Schloss Weißenstein in Pommersfelden
Widmungsspruch auf Seite 5
Entnommen aus: Johann Anton Klyher, Preisgedicht auf Pommersfelden, 1722.
Reprint, eingeleitet und herausgegeben von Katharina Bott.
In: Neujahrsblätter der Gesellschaft für Fränkische Geschichte XXXIX.
Neustadt an der Aisch 1986.
Abbildung 1 auf Seite 4
Luftbild: Blick auf Schloss Weißenstein in Pommersfelden

Bildnachweis
Michael Aust, Bamberg 6, 23, 31, 35, 49
Bayerisches Landesamt für Denkmalpflege 1
Bildarchiv Monheim 5
Gemeinnützige Stiftung Schloss Weißenstein in Pommersfelden
Umschlag, 2, 3, 4, 7–18, 21, 22, 24, 25, 28, 32, 40, 41, 42, 43, 46, 48, 50, 51, 52
Ingeborg Limmer, Bamberg 34, 36, 37
Konrad Rainer, Salzburg 19, 27, 29, 30, 33, 38, 39, 44, 45, 47, 53

BIBLIOGRAFISCHE INFORMATION DER DEUTSCHEN NATIONALBIBLIOTHEK
Die Deutsche Nationalbibliothek verzeichnet diese Publikation in der Deutschen Nationalbibliografie;
detaillierte bibliografische Daten sind im Internet über
http://dnb.d-nb.de abrufbar.

2., überarbeitete Auflage 2011
Kunstverlag Josef Fink, 88161 Lindenberg
Konzeption, Redaktion und Layout: Werner Schiedermair, München
ISBN 978-3-89870-145-7
Reprografie: Holger Reckziegel, Bad Wörishofen
Druck: Holzer Druck + Medien, Weiler im Allgäu

Vorwort

Die Gemeinnützige Stiftung Schloss Weißenstein in Pommersfelden gibt zum ersten Mal einen Kunstführer heraus. Damit unterstreicht diese junge, im Jahre 1996 von Dr. Karl Graf von Schönborn gegründete Stiftung ihre Gesamtverantwortlichkeit für die Gebäude und für die Kunstschätze des Schlosses auf besonders sichtbare Weise.

Schlossgebäude und Kunstwerke genießen hohen kunst- und kulturgeschichtlichen Rang. Dabei spielt eine große Rolle, dass die Kunstsammlung des Erbauers von Schloss Weißenstein, des Kurfürsten Lothar Franz von Schönborn, zu den wenigen historischen Sammlungen in Europa zählt, die sich seit ihrer Entstehung fast ungeschmälert an ihrem Ursprungsort erhalten haben. Wenn man bedenkt, wie viele Kriege und wirtschaftliche Notlagen in den vergangenen 300 Jahren über das Schloss hinweggefegt sind, ohne groß Spuren zu hinterlassen, erscheint dies besonders bemerkenswert. Die Zusammengehörigkeit von Gebäuden und Sammlungen und ihre Wertigkeit erkannte im Zweiten Weltkrieg auch der amerikanische General Patton. Als er die Einrichtung des Schlosses besichtigte, bezeichnete er sie als "*A lot of old stuff*" und beschützte sie vor seinen Truppen.

Der Kurfürst Lothar Franz von Schönborn zeichnete sich nicht nur als Bauherr von großem Durchsetzungsvermögen und mit sehr genauen Bauideen aus, er war auch der größte Kunstsammler der Familie der Grafen von Schönborn. Neben der Sammlung von Ölgemälden trug er eine ganze Reihe weiterer Kollektionen zusammen, wie beispielsweise eine große Bibliothek, die ebenfalls in Schloss Weißenstein verwahrt wird, eine Gläsersammlung, eine Sammlung von ostasiatischen Porzellanen, eine Muschelsammlung und schließlich eine Sammlung von bedeutenden Musikalien. Ein Großteil der Gegenstände kann im Rahmen der Schlossbesichtigung von den Besuchern eingesehen werden, insbesondere die Gemäldesammlung, die Gläser- und die Porzellansammlung sowie die Muschelsammlung. Dabei sind die wertvollsten Stücke innerhalb des Schlosses in wohnlicher Atmosphäre ausgestellt, wie etwa Gläser und Porzellane im kurfürstlichen Speisezimmer oder ostasiatisches Porzellan im Spiegelkabinett und die Muschelsammlung in der Sala Terrena. Die Musikaliensammlung wird im Rahmen des Collegium Musicum Schloss Pommersfelden mit seinen Konzerten immer wieder zu Gehör gebracht.

Als direkter Nachfolger des Stifters versuche ich, Schloss Weißenstein mit seinen Kunstsammlungen mit Leben zu erfüllen. Dazu dienen neben den Konzerten auch andere festliche Veranstaltungen und Seminare, aber auch die Herausgabe des Kunstführers. Neben einer allgemeinen Einführung enthält er eine genaue Beschreibung aller zu besichtigenden Räume. Auf die wichtigsten Kunstwerke geht er ein. So hoffe ich, dass er mit dazu beiträgt, das Schloss mit seinen Schätzen den vielen Besuchern näherzubringen und ihm neue Freunde zu gewinnen.

Pommersfelden, im Juli 2003
Paul Graf von Schönborn-Wiesentheid

Ein Schön-Bronn quillt allhier,
Der nur von schönheit fließet,
Zur freud des Menschen Hertz
Recht reichlich sich ergießet.

Schloss Weißenstein als Geschichts- und Kulturdenkmal – zur Einführung

Werner Schiedermair

Im Süden von Bamberg, in der Gemarkung Pommersfelden, mitten in einer sanften Hügellandschaft, liegt das Schloss Weißenstein der Grafen von Schönborn. Ein Ehrenhof mit dem Schlosshauptgebäude und dem Marstall, die schmiedeeiserne Gitter und Tore miteinander verbinden, bildet das Zentrum des weiträumigen, ganz ummauerten Ensembles. Südlich sind, etwas tiefer, die Gebäude der ehemaligen Ökonomie vorgelagert, nördlich ein ausgedehnter Park, der die Anlage vom Dorf trennt. Nach Osten und Westen, deutlich abgesetzt, ordnen sich dem Ehrenhof mit Fasanerie und Orangerie auf der einen Seite sowie Brauerei und Schänke, jetzt Gaststätte und Hotel, auf der anderen Seite, zwei Baugruppen zu, die faktisch Vorhöfe darstellen. Der westliche bildet heute die Zufahrt zum Schloss, der Eintritt in das Hauptgebäude erfolgt, nach einer Wendung der Wegführung im Ehrenhof im rechten Winkel, von Süden. Die Fassaden bestehen aus gelblich-grünem, hellem, den Namen „Weißenstein" begründenden Sandstein.

Als „Wunderwerk" und „Kleinod", als „Licht der Baukunst" und als „Sammelplatz der Künste" rühmte diese Anlage ein Besucher schon im Jahre 1722, kurze Zeit nach ihrer Fertigstellung; als „Höhepunkt barocker Baukunst" bezeichnen sie die Fachleute von heute. Alle Äußerungen, so unterschiedlich sie sein mögen, bringen zum Ausdruck, dass es sich bei Schloss Weißenstein um etwas ganz Außergewöhnliches handelt. Seine nun schon fast drei Jahrhunderte anhaltende Faszination gründet in einem Netzwerk sehr unterschiedlicher Bedeutungsgehalte. Historische, künstlerische und politische Gesichtspunkte spielen ebenso eine Rolle wie familiäre, finanzielle und organisatorische. In ihrem Zusammenspiel tragen sie zum Rang der Anlage als herausragendem Monument der Geschichte und der Kultur bei. Einigen wesentlichen, die Bedeutung des Schlosses entscheidend prägenden Kriterien soll im Folgenden, nach einem kurzen Hinweis auf die Bauhistorie, ansatzweise nachgegangen werden.

Abb. 2 Titelblatt eines Preisgedichts auf Schloss Weißenstein. Verfasst von Johann Anton Klyher. 1722.

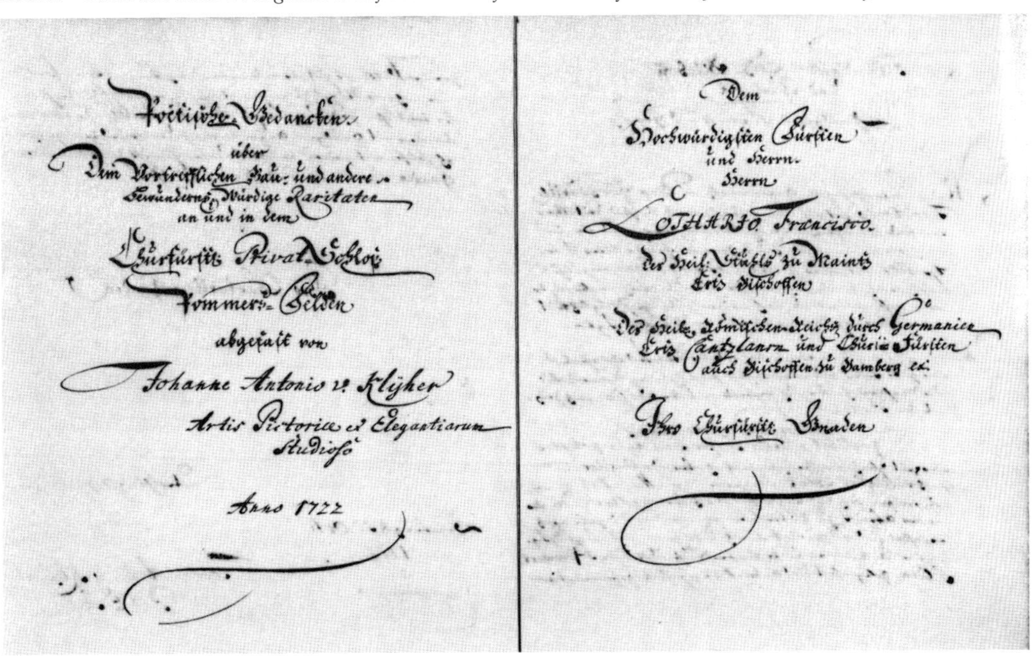
Poetische Gedancken
über
Dem Vortrefflichen Bau- und andere
Bewunderungs Würdige Raritaeten
an und in dem
Churfürstl. Privat Schloß
Pommers-Felden
abgefast von
Johanne Antonio v. Klyher
Artis Pictoricae et Elegantiarum
Studioso
Anno 1722

Dem
Hochwürdigsten Fürsten
und Herrn
Herrn
Lotharo Francisco
der Heil. Stuhls zu Maintz
Ertz Bischoffen
des Heil. Römischen Reichs durch Germaniae
Ertz Cantzlarn und Churfürsten
auch Bischoffen zu Bamberg etc.
Ihro Churfürstl. Gnaden

Zur Baugeschichte

Schloss Weißenstein mit seinen Nebengebäuden, auch Schloss Pommersfelden genannt, wurde in den Jahren 1711 bis 1719, also in etwa acht Jahren, errichtet. Die Grundsteinlegung fand am 1. Oktober 1711 statt. Schon im Jahr darauf erhob sich der Ostflügel bis zur ersten Etage. Ihm folgte 1714 der Mittelrisalit des Hauptflügels, 1715 konnten die Fassaden abgeschlossen werden. Im Wesentlichen war der ganze Bau schließlich 1718 vollendet. Im gleichen Jahr konnten die Arbeiten am Marstall, 1719 die an den Nebengebäuden beendet werden. Einige Ausstattungsgewerke, wie etwa die Grottierung der Sala Terrena, zogen sich bis 1723 hin.

Bauherr war eine der politisch einflussreichsten Persönlichkeiten seiner Zeit, Lothar Franz Graf von Schönborn (1655–1729). Er hatte seit 1693 das Amt eines Fürstbischofs von Bamberg inne und war damit zugleich Mitdirektor des Fränkischen Reichskreises. 1695 wählte ihn das Mainzer Domkapitel zu seinem Erzbischof. Mit diesem Amt bekleidete er in Personalunion das eines Kurfürsten sowie das des Erzkanzlers des 1806 untergegangenen Heiligen Römischen Reiches Deutscher Nation. Wie seine Zeitgenossen August der Starke, Kurfürst von Sachsen und König von Polen, Ludwig XIV., König von Frankreich, und Max Emanuel, Kurfürst von Bayern, war er ein Vertreter des Absolutismus. Sein Selbstbewusstsein als barocker Fürst schlug sich wie bei jenen auch bei ihm in zahlreichen, großartigen Baumaßnahmen nieder. Zu diesen zählen, abgesehen von Schloss Pommersfelden, die Neue Residenz in Bamberg, das Schloss Favorite bei Mainz (1793 zerstört), der Umbau von Schloss Gaibach bei Volkach, das Jagdschloss Jägersburg bei Forchheim sowie viele Kirchen und Kapellen. Lothar Franz trat aber auch als bedeutender Förderer der Schönen Künste sowie als leidenschaftlicher Sammler „curioser" Gegenstände hervor, insbesondere von Kunstwerken aller Art. Die von ihm erworbenen Gemälde bilden bis heute den gewichtigsten Teil der Schönborn'schen Kunstsammlungen. Schloss Weißenstein ließ er nach seinem persönlichen Geschmack, mit eigenen finanziellen Mitteln, als privaten Wohnsitz – ausschließlich für sich – in Pommersfelden errichten, das er 1710, nach dem Aussterben der ortsansässigen Adelsfamilie, der Truchsesse von Pommersfelden, geerbt hatte.

In seinem Auftrag plante ein Architektenteam unter Leitung des Bamberger Meisters Johann Dientzenhofer (1665–1726), der sich zuvor mit dem Bau des Domes zu Fulda sowie der Kirche des Benediktinerklosters Banz empfohlen hatte, das Schloss. Er entwarf den Hauptbau unter Beteiligung des Wiener kaiserlichen Hofarchitekten Johann Lucas von Hildebrandt (1668–1745). Der aus dem oberfränkischen Kronach gebürtige, kurfürstlich-mainzische Hofarchitekt Maximilian von Welsch (1671–1745) gestaltete den Marstall gegenüber dem Hauptbau sowie den Park. Die Nebengebäude seitlich des Hauptbaus, also Brauerei, Schänke, Orangerie und Fasanerie, sind das Werk des ebenfalls in Mainz geschulten Anselm Franz Freiherr von Ritter zu Groenesteyn (um 1694/95–1765). Die örtliche Bauleitung oblag dem auch als selbständiger Architekt hervorgetretenen Jesuitenpater Nikolaus Loyson (1676–1720). Auch der Bauherr wirkte an den Planungen „komponierend" mit; so geht das Haupttreppenhaus mit seiner doppelarmigen, dreiläufigen Stufenfolge und den umlaufenden Galerien mit auf seine Anregung zurück.

Wie die Architektur, so ist auch die Innenausstattung eine Gemeinschaftsleistung. Die wichtigsten Künstler sind Johann Michael Rottmayr (um 1654–1730), kaiserlicher Hofmaler aus Wien, der das Fresko im Hauptsaal des Schlosses schuf, der in Prag ausgebildete Maler Johann Rudolf Byss (1662–1738), von dem insbesondere das Gemälde im Treppenhaus stammt, der in Mainzer Diensten bewährte Italiener Giovanni Francesco Marchini (ca. 1672–1745), der mehrere Räume mit illusionistischen Architekturmalereien schmückte, der in Innsbruck geborene Maler Melchior Michael Steidl (gest. 1727), der sich bereits in den Jahren 1707 bis 1709 bei der Ausstattung der Neuen Residenz in Bamberg ausgezeichnet hatte sowie Johann Jakob Gebhardt (tätig 1704–1735), dann der Stuckator Daniel Schenk (tätig 1714–1737) und die Bamberger Bildhauer Sebastian Drexler (um 1715) und Johann Nikolaus Rösch (um 1695–1718) sowie ihr Mainzer Kollege Burkard Zammels (um 1690–1757), der niederdeutsche Grottierarbeiter Georg Hennicke (tätig ca. 1718–1739), der begabte, in Bamberg ansässige Möbeltischler Servatius Brickard (1676–1742) wie auch der im nahen Eyrichshof wohnhafte geniale Schreiner Ferdinand Plitzner (1678–1724).

Kleinere, die Bausubstanz nicht entscheidend berührende restauratorische Eingriffe fanden gegen Ende des 19. Jahrhunderts statt. Umfangreiche Sicherungsarbeiten an allen Gebäudeteilen wurden in den Jahren von 1975 bis 2003 ausgeführt. Im Treppenhaus des Hauptgebäudes stellte man neben statischen Maßnahmen die ursprüngliche Farbigkeit des 18. Jahrhunderts weitgehend wieder her. Behutsam wurden Hotelzimmer in das Mezzaningeschoss des Marstalls integriert.

Abb. 3 Porträt Lothar Franz Graf von Schönborn (1655–1729), Bauherr von Schloss Weißenstein. Öl auf Kupfer, 81 cm x 61 cm. Geschaffen von Christian Schilbach. 1714.

Heute zeigt sich das Schloss, abgesehen von dem 1820 im englischen Stil umgeformten Park, in allen wesentlichen Teilen, innen und außen, so, wie es in den Jahren 1711 bis 1719 ausgeführt wurde. In dieser Authentizität seiner Erscheinung gründet wesentlich sein Rang als hervorragendes Geschichtsdenkmal.

Das Schloss als Inbegriff barocker Architektur

Mit seiner gesteigerten Monumentalität, den bewegt-kraftvollen Formen der einzelnen Baukörper und der überlegt-komplexen Raumkomposition im Innern verkörpert Schloss Weißenstein in beispielhafter Weise die Ideale barocker Baukunst.

Die auf von Süden nach Norden leicht ansteigendem Terrain situierte Anlage offenbart ihre Mächtigkeit auf das Eindrucksvollste, wenn man sie abschreitet. Südlich, am tiefsten Punkt des Geländes, breiten sich die bescheiden-funktional geformten, streng rechtwinklig angeordneten drei Flügel der Wirtschaftsgebäude aus. Ihnen gegenüber erheben sich die im Halbrund aufgetürmten, den Höhenunterschied zum Ehrenhof hin bewältigenden Massen des Marstallgebäudes, dem das majestätische, hufeisenförmige Schlosshauptgebäude mit seinen drei Geschossen gegenübertritt. Ganz ähnliche Gesetzmäßigkeiten bestimmen den in seinen Ausmaßen überschaubar-festlichen, als architektonischen Raum erdachten Ehrenhof selbst, der vornehmlich vom Mittelbau des Schlosshauptgebäudes mit seiner imponierenden Höhenentwicklung beherrscht wird, welche die niedrig gehaltene Platzwand des Marstalls noch steigert. Wirkungsvoll ist dessen konkave Rundung mit den drei rechtwinklig angeordneten Flügeln des Hauptgebäudes in einen Dialog gebracht, ebenso die malerischen, kleinteilig mit Ziegeln gedeckten Mansarddächer des Schlosses mit der effektvoll-großflächigen, das ganze Dach verbergenden, steinernen Attika des Marstalls. Auch konkurrieren die abgerundeten Ecken des weit in den Ehrenhof hineinragenden Mittelpavillons des Hauptgebäudes spannungsvoll mit den auf rechtwinklig-quadratischem Grundriss konzipierten Eckpavillons der seitlichen Bauten. Bemerkenswert ist auch, wie der Ehrenhoffront mit ihrer auf Tiefenwirkung und Plastizität bedachten Gliederung die breit ausladende, langgestreckte, durch drei nur wenig vorspringende Risalite gegliederte, vor allem durch noble Feierlichkeit wirkende Gartenfassade des Schlosses architektonisch entgegengestellt ist.

Die Dynamik in den Baukörpern außen setzt sich im Innenbereich fort. Dies wird bereits bei der näheren Betrachtung des etwa 8.000 Kubikmeter umfassenden Treppenhauses deutlich, das dort zusammen mit dem Festsaal und der unter diesem angesiedelten Sala Terrena mit den stärksten architektonischen Akzenten aufwartet. Das Treppenhaus ist

Abb. 4 Schloss Weißenstein, Blick vom Ehrenhof auf den Mittelpavillon des Hauptbaus und den Ostflügel.

als dreigeschossiger, in den beiden oberen Etagen an allen vier Seiten von offenen Galerien umgebener, mit einem Spiegelgewölbe abgeschlossener Kubus auf fast quadratischem Grundriss entworfen. Eine breite, um einen Freiraum gelegte, doppelarmige, zweifach gebrochene Treppe, deren Läufe erst auseinanderstreben, sich dann aber am Ende vereinigen, führt an den schmaleren Seiten zum ersten Obergeschoss. Dort mündet sie, vor dem Eingang in den Festsaal, in die erste, durch Säulen gegliederte, umlaufende Galerie, über der sich das großzügig erdachte, durch Rundbogenarkaden ausgezeichnete, nur über unsichtbare Stiegen zugängliche weitere Galeriestockwerk erhebt. Zwischen dem Eintritt der Treppe in das erste Galeriegeschoss und dem Eingang in den Saal ist ein ovales Vestibül eingeschoben, dessen Decke sich zu einem Fresko am Plafond des zweiten Galeriegeschosses öffnet und damit die Geschlossenheit des umlaufenden oberen Umgangs durchbricht. Nicht zuletzt dadurch sowie durch die offene Gestaltung der Galerien vermittelt ein erster Blick in das Treppenhaus nicht nur den Eindruck von Großartigkeit, sondern zugleich den von Leichtigkeit und Transparenz. Eine ähnliche Erfahrung stellt sich ein, wenn man die Treppe emporwandelt; das alle Lasten tragende Erdgeschoss wird zugunsten der feingliedrigen Galerieetagen kaum wahrgenommen. Wesentlich trägt dazu die Farbigkeit des Raumes bei, der von unten bis zur Decke durchgehende Ockerton reißt das Auge beim Eintritt in das Schloss buchstäblich nach oben zu dem in leuchtendem Kolorit ausgeführten Deckengemälde. Dann erst gelangen die anderen architektonischen Einzelheiten ins Bewusstsein. Das Treppenhaus in Pommersfelden ist nicht nur das erste große Treppenhaus des süddeutschen Barock, die Menge der hier nur andeutungsweise angesprochenen architektonischen und optischen Reize machen es zugleich zu einem Raumwunder der europäischen Baukunst.

Im Übrigen besticht die Disposition des Inneren durch eine von starkem Ordnungssinn geprägte Klarheit. Von der Mündung der Treppe auf die erste Galerie verteilen sich die verschiedenen Räume nach einem gleichmäßigen Rhythmus. Geradeaus, nach Norden, geht es in den Festsaal des Schlosses, der nach dem Treppenhaus mit seinem milden, innenräumlichen Licht durch seine blendende Helligkeit überrascht und so ein weiteres außerordentliches Raumerlebnis vermittelt. Nach rechts, also nach Osten, führt die Türe in die Große Galerie mit ihrem überwältigenden Bestand an barocken Gemälden und das anschließende Blumenkabinett, denen nach Norden die Wohnräume des Bauherrn vorgelagert sind. Dieser Raumfolge entspricht auf der anderen Seite des Festsaales eine Gruppe von historischen Gästeappartements; da Lothar Franz von Schönborn als Geistlicher unverheiratet war, wurden keine Räume für eine „Hausherrin" eingeplant. Vom Blumenkabinett betritt man die schon zum Ostflügel des Schlosses gehörende Kleine Galerie, von der aus verschiedene weitere Schauräume, wie etwa die Italienischen und das Holländische Zimmer, zugänglich sind. Sie treffen im nordöstlichen Pavillonbau auf das Spiegelkabinett über der Schlosskapelle, einer entscheidenden Schnittstelle im Grundriss des Schlosses, zwischen den persönlichen Wohnräumen des Kurfürsten und den erwähnten Sammlungsräumen. Diese wiederum, im östlichen Seitenflügel, ist so situiert, dass sie auch vom Besucher betreten werden kann, der sonst keinen Zugang zum Schloss hat. Die durchdringende Klarheit des Grundrisses zeigt sich auch bei den Seitenflügeln. Optisch durch offene Arkaden im Erdgeschoss deutlich von der massigen Kompaktheit des Mittelrisalits abgesetzt, werden sie über zwei kleinere Treppenhäuser erschlossen, sodass das Haupttreppenhaus nur in besonderen Fällen, etwa beim Besuch hoher Gäste, geöffnet werden musste. Weitere, einfachere Stiegen in dem gewaltigen Bau dienen ausschließlich seiner Bewirtschaftung. Überall machen sich im Inneren des Schlosses also Überlegtheit und Zweckmäßigkeit bemerkbar. Dieser Eindruck wird beim Durchwandern des Schlosses noch dadurch gesteigert, dass sich im Hauptgeschoss keine Türschwellen befinden. Hierzu gehört auch, dass Lothar Franz einen direkten Zugang von seinen Privatgemächern zur Großen Galerie mit Blick in den Hof durchsetzte, persönliche Bedürfnisse des Bauherrn spielten bei der Planung demnach eine nicht unwesentliche Rolle.

Malerische Lebhaftigkeit und barocke Wucht im Äußeren der Baukörper, geistreiche Organisiertheit und eine außergewöhnliche Funktionalität im Inneren zeichnen Pommersfelden in gleicher Weise aus. Zur repräsentativen Mächtigkeit der Baukörper und zur klaren Transparenz des Grundrisses tritt außerdem noch das private Element der wohltuenden Bequemlichkeit als besonderes Merkmal hinzu. Die Vollkommenheit, mit der das Schloss als Bauwerk diese vielgestaltigen Elemente in sich vereint, begründet maßgeblich seinen Rang als Meisterwerk barocker Baukunst.

Abb. 5 Schloss Weißenstein, das Treppenhaus. Blick von der westlichen Galerie gegen „Vestibül" und Nordostecke.

Abb. 6 Aus dem Audienzzimmer. Tisch und Gueridons von Ferdinand Plitzner (1678–1724). Um 1715. Der Spiegel aus der kurfürstlichen Spiegelmanufaktur Lohr. Um 1715.

Die Einrichtung des Schlosses als Höhepunkt barocker Raumausstattung

Die Sorgfalt, die die ganze architektonische Gestaltung von Schloss Weißenstein auszeichnet, zeigt sich auch bei der Behandlung der mit den Wänden, Fußböden und Decken fest verbundenen Ausstattung der Räume sowie bei der mobilen Einrichtung.

Heute wie auch im 18. Jahrhundert geht die Hauptwirkung in den Zimmern von der Fülle der kostbaren Gemälde aus, die die Wände bedecken. Sie wird ergänzt durch reich stuckierte und freskierte, mit den Wänden durch weit gezogene Hohlkehlen sorgsam verbundene Decken, prachtvoll eingelegte, mit letzteren in der Regel korrespondierende Fußböden, durch meist textile Wandverkleidungen sowie durch zweckmäßige Fensterinnenläden. Hinzu treten häufig in die Stuckdekoration eingearbeitete oder durch Fresken zum Ausdruck gebrachte sinnreiche mythologische, auf die Bestimmung der Gemächer abgestimmte Aussagen. Jeder Raum bildet auf diese Weise ein eigenes, in sich ruhendes Kunstwerk.

Die vergleichsweise sparsame Verteilung von Möbeln im Bereich der zu besichtigenden Räume entspricht den tatsächlichen Verhältnissen zur Zeit der Erbauung. So befanden sich nach den Amtsrechnungen von 1720/1721 nur etwa 100 Möbelstücke in dem weitläufigen Schlossgebäude. Sie dienten mehr der Repräsentation, weniger dem täglichen Gebrauch. Deshalb sind sie oftmals extrem aufwändig gearbeitet. Erst in späteren Jahren mehrte sich der Bestand an Nutzmobilien.

Neben den raumbeherrschenden Gemälden und Möbeln ragen als besonderes Einrichtungsgut die Gläser und ostasiatischen Porzellane hervor; die entsprechenden Pommersfeldener Sammlungen zählen zu den größten ihrer Art in Europa. Aber auch Skulpturen und Gobelins sind über viele Räume verteilt. Sie alle tragen zu dem Eindruck von Erlesenheit und barocker Fülle bei, der sich beim Besuch des Schlosses immer wieder einstellt.

Alle Ausstattungskünste des Barock vereinigten sich bei der Gestaltung des als Gesamtkunstwerk konzipierten, unübertrefflichen Spiegelkabinetts. Es bildet mit den eingelegten, geschnitzten und polierten Hölzern, den flirrenden Spiegeln, dem glänzenden Porzellan sowie den schillernden Lüstern einen Höhepunkt, ein Nonplusultra an Raumkunst. Ihm steht an Aufwand und Kostbarkeit der festliche Marmorsaal, ins Große dimensioniert, mit der steinernen Pracht seines Bodens, den Säulen und Pfeilern, dem prachtvollen Deckengemälde sowie den funkelnden, böhmischen Kristalllüstern in nichts nach, auch nicht die unter ihm liegende märchenhafte Sala Terrena mit dem bizzaren Muschelwerk, den raffinierten Brunnen und den verspielten Beleuchtungskörpern.

Die Menge der Erlebniswerte, die bei der Besichtigung des Schlosses spürbar wird, lässt ahnen, wie sehr dem Erbauer an Abwechslung und Bewegtheit gelegen war. Er trug damit in hohem Maße dem Lebensgefühl des Barock mit seinen vielen Gesichtern und seinen malerisch-bildhaften Komponenten Rechnung.

Eine weitere Facette barocker Lebensauffassung zeigt sich in Pommersfelden neben den vielfältigen Möglichkeiten des Sehens und Erlebens schließlich noch in den Beständen der etwa 17.000 Bücher umfassenden Schlossbibliothek, die alle Wissensgebiete der Epoche um 1700 in gleicher Weise umgreift, sowie den Medaillen- und Münzsammlungen. Sie dokumentieren sichtbar den universalen Bildungs- und Wissensanspruch, den der Pommersfeldener Bauherr, ganz Kind seiner Zeit, stets erhob.

Der hohe historische, kunstgeschichtliche und künstlerische Rang der Ausstattung unterstreicht, wie stark Außen und Innen bei diesem Schloss aufeinander bezogen sind. Beide bedingen sich gegenseitig. Dass der größte Teil der vorhandenen Einrichtung einschließlich der umfangreichen Sammlungsbestände aus der Zeit der Erbauung stammt, steigert die kulturgeschichtliche Bedeutung von Pommersfelden in außerordentlicher Weise. Nicht zuletzt aus diesem Grund wird ihm europäische Bedeutung beigemessen.

Abb. 7 Aus der Sammlung ostasiatischer Porzellane. Dame mit Vogelbauer. Japan, 18. Jahrhundert.

Schloss Weißenstein als politische Demonstration

Über alle baukünstlerische und kunstgeschichtliche Bedeutung hinaus stellt das Schloss auch ein politisches Denkmal dar, da es programmatisch die Beziehungen des Bauherrn Lothar Franz von Schönborn zu dem damals regierenden Kaiserpaar in Wien und die Idee des im alten Heiligen Römischen Reich Deutscher Nation verkörperten Kaisertums selbst verherrlicht.

Der Kurfürst war mit Kaiser Karl VI. (1685–1740) und der Kaiserin sowohl amtlich wie persönlich verbunden. Ersteres ergab sich aus seinem Status als Landesherr und Bischof, als Kurfürst und Erzkanzler des Reiches, in diesen Funktionen hatte er zahlreiche Aufgaben wahrzunehmen, die unmittelbaren Kontakt zur Spitze des Reiches notwendig machten. Dazu kam, dass er die Ernennung seines Neffen Friedrich Karl von Schönborn im Jahre 1705 zum Vizekanzler des Reiches mit dem Sitz in Wien bewirkt hatte und so über ihn auf das Engste in das unmittelbare politische Geschehen am Kaiserhof eingebunden war. Eher persönlich waren die Kontakte, die ihm aus seiner geistlichen Funktion erwuchsen. Lothar Franz betrieb die Konversion der Prinzessin Elisabeth-Christine von Braunschweig-Wolfenbüttel (1691–1750), der Braut des künftigen Kaisers, die er schließlich 1707 im Bamberger Dom vollzog. Seinem Einfluss und seinem diplomatischen Geschick verdankte der nach dem Aussterben der spanischen Habsburger im Jahre 1703 zum spanischen König (Karl III.) ausgerufene Erzherzog Karl, der Bruder Kaiser Josephs I. (reg. 1705–1711), seine Wahl zum deutschen Kaiser Karl VI. Ihn krönte Lothar Franz in seiner Eigenschaft als Kurfürst von Mainz 1711 im Frankfurter Dom, unter Entfaltung uralter, geheiligter Zeremonien. Der Kaiser war ihm für seinen außerordentlichen Einsatz stets zugetan. Als Belohnung gewährte er ihm, wie das damals üblich war, eine persönliche Dotation im Umfang von 100.000 Gulden. Dieses kaiserliche Geschenk bildete den finanziellen Grundstock für den Bau von Schloss Weißenstein, ja es machte das Vorhaben, angesichts dessen Ausmaßen, erst möglich. Als Herr über zwei geistliche Fürstentümer zählte Lothar Franz im Übrigen zu der Gruppe der kleineren Territorialfürsten, die das Alte Reich, schon aus Gründen der Selbsterhaltung, konservierend, zugleich aber auch stabilisierend, trugen. Er war kraft seiner Stellung als Mainzer Kurfürst ihr gewichtigster Repräsentant. Die Bewahrung der vorhandenen staatsrechtlichen Strukturen war ihm auch von dieser Position her ein außerordentliches Anliegen. Diese vielfältigen Verflechtungen mit dem Alten Reich schlugen sich in Pommersfelden sichtbar nieder, außen ebenso wie innen.

Wie sehr die offiziellen und persönlichen Verbindungen des Bauherrn zu Kaiserpaar und Reichsidee bei der Errichtung des Schlosses eine Rolle spielten, lässt sich schon an äußeren Daten ablesen: Beziehungsreich wurde der Grundstein am Krönungstag, dem 1. Oktober 1711, gelegt, das Braunschweigische Salzdahlum, das Heimatschloss der Kaiserin, bildete die Grundlage für die erste grundrissliche Ideenskizze von Schloss Pommersfelden, kaiserliche Hofkünstler aus Wien halfen bei der Ausgestaltung mit.

Eine bedeutsame Anspielung auf das Kaiserpaar stellt sodann der Haupteingang dar. Er ist mit den kolossalen Säulenpaaren und dem verkröpften Giebelstück wie ein imperiales Portal geformt. Die zu beiden Seiten befindlichen Skulpturen personifizieren Liebe und Treue einerseits und Tapferkeit und Gerechtigkeit andererseits, also Tugenden, die charakteristischerweise einem Herrscherpaar zugeordnet werden. Merkur schließlich, der den Giebel krönt, soll das Glück vom Himmel auf die Erde herunterholen, symbolisch für den Frieden und den Wohlstand, die von dem jungen Kaiserpaar für alle seine Länder erhofft wurden. Das Schönbornwappen im Giebel ordnet sich wie ein triumphierendes Begrüßungszeichen des Schlosseigentümers in dieses Programm ein.

Die Programmatik der Kaiseridee entfaltet sich schließlich auf das Stärkste im Inneren, beginnend mit dem Treppenhaus. Dieses kann mit seiner Größe und Pracht zunächst als Anspielung auf die – heute nicht mehr vorhandene – Kaisertreppe von Schloss Schönbrunn in Wien und damit auf das Kaisertum selbst betrachtet werden. Dann erscheint im Deckenfresko eine Verkörperung Europas, die nicht nur ein Gewand trägt, in das der Reichsadler eingewoben ist, sondern die auch Reichsapfel und Zepter in ihren Händen hält und damit das Kaisertum des Alten Reiches repräsentiert. Mit diesen Allusionen bereitet das Treppenhaus auf den Marmorsaal vor, der architektonisch mit dem Doppelmotiv Säule/Pfeiler, bildhauerisch mit den Darstellungen der Weltmonarchien und malerisch insbesondere mit dem Thema des Deckenfreskos, das Gute verdrängt das Böse, als Kaisersaal konzipiert wurde und davon noch heute berichtet.

Schloss Weißenstein stellt also zu einem wesentlichen Teil eine demonstratio imperii dar, es rühmt das Kaisertum, dem der Bauherr seinen überragenden Einfluss in Staat und Gesellschaft und letztlich auch sein Schloss in Pommersfelden verdankte.

Abb. 8 Idealansicht des Treppenhauses von Schloss Weißenstein. Kupferstich von Salomon Kleiner (1703–1761). 38 cm x 28,4 cm. 1728.

Das Schloss als Stück vom Paradies

Das Bildprogramm des Schlosses erschöpft sich nicht in der Glorifizierung des Kaiserpaares und des Kaisertums, es wird durch eine Verherrlichung von Pommersfelden als einem Ort höchsten Glücks überhöht, an dem sich die Widersprüchlichkeiten des irdischen Lebens auflösen und sich die Liebe als kostbarste aller himmlischen Gaben einstellt.

Zunächst ist wiederum auf den Gott Merkur zu verweisen, der das Eingangsportal krönt. Er, der Glücksbote, erscheint, für jedermann sichtbar, in Pommersfelden; seine Erscheinung allein ist schon Programm. Dass das Schloss selbst als ein Stück vom Paradies begriffen werden sollte, deuten auch zeitgenössische Wortspiele an, die Pommersfelden in Bezug zu den Pomeranzen setzen, den Früchten aus den himmlischen Gärten der Hesperiden. „Leucosthenium in campis pomerancis conditum" (Weißenstein erbaut in den Gärten der Pomeranzen = Pommersfelden) heißt beispielsweise die unter einer Ansicht des Schlosses stehende Inschrift auf der Gedenkmedaille für Lothar Franz aus seinem Todesjahr.

Auf Weißenstein als Ort besonderer Glückseligkeit machen auch verschiedene Bildfolgen aufmerksam, in denen die Vielfalt der irdischen Existenz des Menschen in Einklang mit der Schöpfung gebracht wird. So sind in der Sala Terrena, neben anderen, die vier Elemente und die periodischen Zeitzyklen der vier Lebensalter, der Tages- und der Jahreszeiten dargestellt, also das Werden und Vergehen im Ablauf der Zeit. Sie veranschaulichen die ewige Wiederkehr als Hinweis auf die Unsterblichkeit. Darüber, im Marmorsaal, wird erläutert wie sich diese heilsgeschichtlich verwirklicht, nämlich am Ende aller Zeiten, in einer besseren Welt, dem Garten Eden, in dem Weisheit und Friede herrschen und stets das Gute siegt. Eine Versöhnung der Gegensätze als Programm deuten, neben der Darstellung der Sternkreiszeichen im Fresko des Treppenhauses, auch zahlreiche Zweiergruppen an, die jeweils das männliche und weibliche Prinzip verkörpern. So stehen sich schon am Eingangsportal des Schlosses je ein Paar männlicher und weiblicher Tugenden gegenüber. Dann wacht das Götterpaar Jupiter und Juno im ersten Galeriegeschoss des Treppenhauses vor den Zugängen zu den beiden Seitenflügeln. Im Marmorsaal schließlich hingen Porträts des Kaisers und der Kaiserin gleichberechtigt gegenüber, woran die noch vorhandenen Reliefs über den Kaminen mit den

Abb. 9 Schloss Weißenstein. Die Südseite gegen den Ehrenhof. Kupferstich von Salomon Kleiner (1703–1761). 24 cm x 40 cm. 1728.

Darstellungen des Mucius Scaevola, der sich für sein Vaterland opfert und der Venus in der Schmiede des Vulkans erinnern. Hierauf verweisen aber auch die vielen Säulenpaare am Eingangsportal, im Marmorsaal sowie sonstige Paarbildungen, etwa wenn Herkules und Amor zusammen gezeigt werden. Bedeutung gewinnt insoweit auch die Tatsache, dass die Sala Terrena, als Verkörperung der irdischen Welt, architektonisch mit dem Marmorsaal, dem Ort, an dem sich der Himmel geöffnet hat, zusammengespannt ist, und beide auf diese Weise wiederum ein Paar bilden.

Im Deckenfresko des Marmorsaals laufen alle Sinnstränge zusammen. Der Himmel steht offen, der Muschelwagen der Venus, den Schwäne, die – ikonologisch – reinsten Tiere, von Englein begleitet ziehen, fährt aus ihm hervor. In ihm sitzt strahlend die Göttin der Liebe, vor der die Laster ins Verderben stürzen. Diese Darstellung bedeutet, dass die Macht der Liebe über alles triumphiert. Ihre Verbildlichung an der prominentesten Stelle im ganzen Schloss unterstreicht ihren Rang. In ihr lösen sich alle Widersprüche des Lebens, sie versöhnt, sie gewährleistet Harmonie, sie ist der Schlüssel für das Paradies auf Erden. In diesem Gemälde findet Pommersfelden seine Vollendung.

Seine überragende Bedeutung für den Sinngehalt des Schlosses ergibt sich nicht zuletzt auch daraus, dass es erst dann betrachtet werden kann, wenn man durch den Marmorsaal hindurch bis zu den Fenstern, also bis zum äußersten Rand des Schlosses, geschritten ist.

In seiner Gesamtheit spiegelt das Dekorationssystem des Schlosses eine umfassende Weltordnung wieder. Aus dem Hinweis auf die Unwandelbarkeit im Wandelbaren als Zeichen der Unendlichkeit Gottes und auf die Liebe als höchstem Gut spricht, wenngleich mit antiker Mythologie vermischt, christliches Glaubensgut. Es erinnert, auch wenn spezifische Symbole dafür fehlen, daran, dass Lothar Franz von Schönborn überzeugter Christ und frommer Geistlicher war, der, wie viele Archivalien bezeugen, seine spirituellen Aufgaben stets ernst genommen hat.

Schloss Weißenstein ist nicht allein ein Meisterwerk der Architektur und der bildenden Künste, sondern kraft der Dichte und Erlesenheit seiner Bilderwelt mit ihren vielschichtigen Bedeutungen und politischen wie geistlichen Visionen bis hin zu religiösen Überzeugungen ebenso ein Höhepunkt anschaulich gewordener barocker Symbolik.

Abb. 10 Der Marstall, vom Schloss aus gesehen. Kupferstich von Salomon Kleiner (1703–1761). 24 cm x 40 cm. 1728.

DAS HAUS SCHÖNBORN

(Auszug aus der Stammtafel)

Georg (1574–1614)
Maria Barbara von der Leyen (gest. um 1625)

Johann Philipp (1605–1673)
1642 Bischof von Würzburg
1647 Erzbischof von Mainz
1663 Bischof von Worms

Philipp Erwein (1607–1668)
Mainzer Oberamtmann
Maria Ursula von Greiffenklau
zu Vollraths (um 1610–1682)

Melchior Friedrich
(1644–1717)
Obermarschall von Mainz und Würzburg
Maria Sophie von Boineburg (1652–1726)

Lothar Franz
(1655–1729)
1693 Bischof von Bamberg
1695 Erzbischof von Mainz

Friedrich Karl
(1674–1746)
Reichsvizekanzler (1705–1734)
1729 Bischof von Würzburg
1729 Bischof von Bamberg

Rudolf Franz Erwein
(1677–1754)
Herr der Grafschaft Wiesentheid
Maria Eleonore, geb. von Hatzfeld
verw. von Dernbach (1679–1718)

Franz Georg
(1682–1756)
1729 Erzbischof von Trier
1732 Bischof von Worms
1732 Fürstpropst zu Ellwangen

Johann Philipp Franz
(1673–1724)
1719 Bischof
von Würzburg

Damian Hugo
(1676–1743)
1715 Kardinal
1719 Bischof
von Speyer
1740 Bischof
von Konstanz

Joseph Franz Bonaventura
(1708–1772)
Bernardina Maria Theresia
Sophia von Plettenberg

Marquard Wilhelm
(1683–1769)
1723 Dompropst zu Bamberg
1735 Dompropst zu Eichstätt

Hugo Damian Erwein (1738–1817)
Maria Anna Gräfin von
Stadion-Thannhausen

SCHÖNBORN-BUCHHEIM
ÖSTERREICHISCHE LINIE

LINIE
SCHÖNBORN-WIESENTHEID

SCHÖNBORN
BÖHMISCHE LINIE

Franz Erwein Damian (1776–1840)
Ferdinandine Isabella
Gräfin von Westfalen

Klemens August Emmerich (1810–1877)
Irene Batthyány von Nemet-Ujvár

Arthur Franz Maximilian (1846–1915)
Stephanie zu Hohenlohe-Schillingsfürst

Erwein Klemens Chlodwig Karl Maria
(1877–1942)
Donna Ernestina Ruffo

Karl Friedrich Anton (1916–1998)
Donna Graziela Alvares Pereira de Melo

Paul Anton (geb. 1962)
Damiana Contessa Lovatelli

Schloss Weißenstein als „Ruhmestempel“

Allein mit der Errichtung des Schlosses als Kunstwerk von höchstem Niveau hat sich Lothar Franz Graf von Schönborn ein Denkmal gesetzt, auch wenn dies von ihm nicht beabsichtigt gewesen wäre. Eine Besonderheit bei Pommersfelden bildet aber die Tatsache, dass sich der Bauherr, erfüllt von seiner überragenden Stellung im Alten Reich und stolz auf das von ihm im Leben Erreichte, von Anfang an mit dem Bauwerk selbst ein „Epitaph“, ein Zeichen des Gedenkens, schaffen wollte. Mit der Erhaltung und Pflege des Schlosses über die Jahrhunderte hinweg entwickelte es sich, weit darüber hinaus, im Lauf der Generationen, zugleich auch zu einem Monument für die ganze Familie der Grafen von Schönborn.

Pommersfelden wurde, wie eingangs erwähnt, als privates Schloss geplant, in das sich der Kurfürst, nach den oft aufreibenden Dienstgeschäften als Regent, Bischof und Inhaber mehrerer Reichsämter, zurückziehen konnte. Doch machte diese Privatheit das Schloss nicht zu einer Eremitage, also zu einem Ort völliger Zurückgezogenheit. Nach Anlage und Anspruch war es vielmehr stets auch auf Außenwirkung bedacht, als geistiges und kulturelles Zentrum, als Ort der Repräsentation sowie als Empfangsstätte für hohe und höchste Besucher. Es hatte vom Selbstbewusstsein eines Bauherrn Zeugnis abzulegen, dem es gelungen war, ein Kaiserpaar zusammenzuführen und eine Kaiserkrönung, gegen manche Widerstände, durchzusetzen, und der sich deshalb, über seine Positionen als Bischof, Fürst und Erzkanzler hinaus, in eine ungewöhnliche, herausgehobene Nähe zu Kaiserpaar und Kaisertum gestellt sah. Eine solche, dem Zeitalter des Barock geläufige Selbsteinschätzung, die ihre stärkste und bekannteste Ausprägung in der Vorstellung des Herrschers als roi soleil, als Sonnenkönig, in Frankreich erfuhr, schlug sich in Pommersfelden in zahlreichen, über das ganze Schloss verteilten Bildnissen seines Erbauers nieder, sowie in vielen Allegorien, die auf ihn anspielen. Das gilt insbesondere für die häufigen Verbildlichungen des Herkules, des großen griechischen Helden, der stets als Personifikation des Bauherrn anzusehen ist – Hercules imperii (Herkules des Reiches) nannten ihn Zeitgenossen. Schloss Weißenstein trägt somit dem dezidierten Denkmalkultus des Barock Rechnung; es sollte auch der Verewigung seines Schöpfers dienen, der permanenten Erinnerung der Nachwelt an ihn.

Die Überlegung, in Pommersfelden die ganze Familie gegenwärtig sein zu lassen, zeichnete sich bereits bei Lothar Franz mit der Anbringung von Porträts wichtiger Verwandter im Marmorsaal ab. Dabei dürfte die Freude über den kometenhaften Aufstieg seiner urkundlich erst seit dem 14. Jahrhundert nachweisbaren Familie von kleinen, wenig begüterten Westerwälder Edelleuten zu einem der mächtigsten Adelsgeschlechter im Alten Reich ins Gewicht gefallen sein. Den Grundstein legten sozial wie finanziell Johann von Schönborn, der 1566 Zugang zu dem einfluss- und pfründereichen Domkapitel in Würzburg und 1574 dann zu dem in Mainz fand, sowie sein Bruder Friedrich Georg, der erste Prälat der Familie, der 1640 in Köln als Mainzer Domkantor starb und sein beträchtliches Vermögen den „Vettern“ Johann Philipp (1605–1673) und Philipp Erwein (1607–1668) hinterließ. Johann Philipp kam dann ausschlaggebende Bedeutung zu; er wurde 1642 Fürstbischof von Würzburg und Herzog in Franken, dann 1647 Erzbischof von Mainz und damit wie Lothar Franz auch Kurfürst und Erzkanzler des Alten Reiches, sowie 1663 überdies Fürstbischof von Worms. Mit ihm ging aus der Familie nicht nur ein Mann hervor, der das höchste geistliche Amt in Deutschland errang, sondern der sich zugleich in seinen damit verbundenen politischen Funktionen als weitschauender Staatsmann hervortat. Ihm verdankt die Familie die 1663 erfolgte Erhebung in den Reichsfreiherrenstand und im Besonderen Lothar Franz, der Bauherr von Schloss Pommersfelden, seine glänzende berufliche Laufbahn. Dieser wiederum machte sich die Förderung der Mitglieder seiner Familie zur persönlichen Aufgabe. 1701 erreichte er ihre Erhebung in den Reichsgrafenstand. Einige Neffen übernahmen gewichtige geistliche Ämter: Johann Philipp Franz (1673–1724) wurde 1719 Fürstbischof von Würzburg, Friedrich Karl (1674–1746) 1705 Reichsvizekanzler in Wien, Damian Hugo (1676–1743) 1715 Kardinal und 1719 Fürstbischof von Speyer, Marquard Wilhelm (1683–1769) 1723 Dompropst zu Bamberg. Auch über seine „weltlichen“ Neffen hielt Lothar Franz seine Hand; das gilt für Rudolf Franz Erwein (1678–1754), der die Familie fortsetzte und Wiesentheid, das seine Ehefrau Maria Eleonore Charlotte von Hatzfeld (1679–1718) in die Ehe eingebracht hatte, zum Stammsitz der Familie der Grafen von Schönborn ausbaute, ebenso wie für Anselm Franz, der Feldmarschall-Leutnant und Hofkriegsrat wurde, den Titel eines Kurmainzer Geheimen Rates trug und Oberamtmann zu Steinheim war, wie schon andere Vorfahren vor ihm. Angesichts des in kürzester Zeit entstandenen großartigen familiären Glanzes verwundert es nicht, dass Lothar Franz diesen in sein Schloss einbezogen wissen wollte.

Abb. 11 Johann Philipp Franz Graf von Schönborn, Bischof von Würzburg (1673 – 1724). Öl auf Leinwand. 235 cm x 143 cm. Nach 1729. Johann Philipp Franz initiierte den Bau der Residenz von Würzburg. Balthasar Neumann (1687 – 1753) wurde von ihm zum leitenden Architekten für dieses Vorhaben berufen.

Abb. 12 Friedrich Karl Graf von Schönborn, Fürstbischof von Bamberg und Würzburg, Reichsvizekanzler (1674–1746). Öl auf Leinwand. 235 cm x 143 cm. Nach 1729. Friedrich Karl erbte Schloss Weißenstein von seinem Onkel Lothar Franz Graf von Schönborn, dem Erbauer des Schlosses, und vererbte es in der Familie weiter.

Der Aufstieg der Familie setzte sich, dank des guten Zusammenhalts ihrer Mitglieder, auch nach dem Tod von Lothar Franz fort. Friedrich Karl trat 1729 seine Nachfolge als Fürstbischof von Bamberg an, in dem selben Jahre wurde er Fürstbischof von Würzburg und damit Herzog in Franken. Sein Bruder Damian Hugo wurde 1740 auch Fürstbischof von Konstanz, Franz Georg (1682–1756), der jüngste Neffe, 1729 Erzbischof und Kurfürst von Trier, 1732 zusätzlich Fürstbischof von Worms, Marquard Wilhelm 1735 noch Dompropst zu Eichstätt. Fast die Hälfte aller geistlichen Fürstbistümer im Alten Reich hielten die Schönborn damals in ihren Händen. Mit ihren Namen ist der Begriff der „Schönborn-Zeit“ verbunden, der schon im 18. Jahrhundert entstand und der das segensreiche politische, soziale und wirtschaftliche Wirken der Mitglieder der Familie für ihre Lande trefflich kennzeichnet. Soweit ihnen hohe Ämter anvertraut waren, traten sie auch als glänzende Bauherren auf; das Weltkulturdenkmal der Residenz in Würzburg sowie die Schlösser Bruchsal, Brühl und Werneck sind ihnen zu verdanken.

Friedrich Karl, Reichsvizekanzler und Fürstbischof, der als Lieblingsneffe von Lothar Franz Schloss Weißenstein geerbt hatte und die Idee, es zu einem Familienmonument werden zu lassen, förderte, gab es in der Familie weiter. Sämtliche nachfolgenden Besitzer haben sich seither bemüht, das Schloss in seinem Bestand zu sichern. Zwar mussten im Laufe der Zeit einige Einbußen an beweglicher Ausstattung verkraftet werden, doch gelang es trotzdem, den weitaus größten Teil der

Abb. 13 Rudolf Franz Erwein Graf von Schönborn und Herr zu Wiesentheid (1677–1734). Öl auf Leinwand. 235 cm x 143 cm. Nach 1729. Rudolf Franz Erwein ist der Stammvater sämtlicher noch heute blühender Zweige der Familie der Grafen von Schönborn.

Abb. 14 Maria Eleonore Charlotte Gräfin von Schönborn, geborene Gräfin von Hatzfeld-Gleichen, verwitwete Gräfin von Dernbach (1679–1718). Öl auf Leinwand. 235 cm x 143 cm. Nach 1729. Maria Eleonore Charlotte ist die Stammmutter aller Grafen von Schönborn. Sie brachte die Herrschaft Wiesentheid in die Familie Schönborn ein.

Sammlungen zu bewahren. Pommersfelden, wie es sich heute präsentiert, kann deshalb auch als Ergebnis des zähen Willens der Familie gewürdigt werden, das überragende Geschichts- und Kulturdenkmal zu erhalten. In diesem Zusammenhang ist auch die Öffnung des Schlosses für das Collegium Musicum im Jahre 1958 zu sehen, dem die Überlegung zugrunde liegt, jungen Musikern und Musikerinnen aus aller Welt durch die Einzigartigkeit des Ortes, durch den Geist, der dieses Bauwerk erdacht und gestaltet hat und der in ihm lebendig ist, Bereicherung und Beglückung zu schenken. Heute versammelt das Collegium mit Kursen für Orchester- und Kammermusik jährlich für die Dauer von vier Wochen etwa 90 Teilnehmer, die von mehreren Dirigenten sowie von Dozenten für Kammermusik betreut werden. Zahlreiche öffentliche Konzerte berichten vom Erfolg der gemeinsamen Arbeit. Für das außerordentliche Verantwortungsbewusstsein der Familie für Schloss Weißenstein zeugt auch, dass sie dieses im Jahre 1996 in die Rechtsform einer gemeinnützigen Stiftung kleidete, um damit seine Existenz auf Dauer zu garantieren.

Als Monument für eine Person erdacht, entwickelte sich Schloss Weißenstein also zu einem solchen für eine ganze Familie. Mit dieser erst im Lauf der Zeit entstandenen Verbreiterung seines Bedeutungsgehalts verkörpert das Schloss in beispielhafter Weise den modernen Denkmalbegriff, der stets die ganze Geschichte eines Baudenkmals umfasst, und nicht allein auf den Entstehungszeitpunkt abstellt.

Abb. 15 Idealansicht von Schloss Weißenstein. Kupferstich von Salomon Kleiner (1703–1761). 29,8 cm x 50 cm. 1728.

Schloss und Landschaft

Zu den bemerkenswerten Besonderheiten von Schloss Weißenstein zählt schließlich auch die Wechselwirkung zwischen seiner Architektur und der landschaftlichen Umgebung.

Dass Lothar Franz von Schönborn gerade das ländliche Pommersfelden als Platz für sein privates Schloss auswählte, hat eine sehr einfache Ursache – Grund und Boden gehörten ihm. Außerdem liegt der Ort unweit von Bamberg, das eine seiner Residenzstädte war, also leicht erreichbar. Mit ausschlaggebend dürfte bei seiner Entscheidung aber auch die Mode des 18. Jahrhunderts gewesen sein, Schlösser auf dem Lande zu errichten.

Als baulicher Typ finden sich Landschlösser, wie Herrenhäuser dieser Art bezeichnet werden, in allen Ländern Europas. In England als Manor-house, in Frankreich und Italien ebenso wie in Schleswig-Holstein oder östlich der Elbe. Sie liegen abseits der großen städtischen Kunstzentren, ohne dass sie dabei ländlich würden. Vielmehr künden sie in der Regel von Baumeistern und Künstlern der Städte und vom Lebensstil einer von den Brennpunkten der Kunst und der Kultur geprägten Gesellschaft. Schloss Weißenstein zählt zu dieser Gruppe der Landschlösser, auch wenn es nach Größe und Anspruch über jeden in Franken bis dahin bekannt gewesenen Maßstab weit hinausging. Die Situierung mitten im ländlichen Gebiet gehört zu seinen Wesenseigentümlichkeiten, wenngleich sein künstlerischer Bezugspunkt, einmal von der Kaiserstadt Wien abgesehen, die Stadt Bamberg ist. In seiner abseits gelegenen Gebäudegruppe kulminiert die Landschaft des südlichen Oberfrankens gleichsam als Gegenpol zur häuserreichen, belebten Bischofsstadt, die, auf mehreren Hügeln ausgebreitet, kulturgeografisch die Mitte des Gebiets darstellt.

Die Nähe zur dörflichen Ansiedlung charakterisierte die Landschlösser in typischer Weise, ihre Verbundenheit mit der ländlichen Umgebung kam dadurch zum Ausdruck; ihre regelmäßige Umgrenzung mit Mauern bedeutete aber stets Abstand halten, die ständisch geprägte Gesellschaftsstruktur des Barock schlug sich darin nieder. Beides galt auch für Schloss Weißenstein. Das Verhältnis, in dem sich dieses und das Dorf bewegten, war aber besonders zwiespältig. Zwar hatte der Bau des Schlosses positive Wirkungen für die Ortschaft, er zog die Errichtung von Kirche und Rathaus sowie von verschiedenen privaten Anwesen nach sich. Ein gegenseitiger Austausch, wie das bei kleineren Landsitzen vielfach der Fall war, konnte sich angesichts der so außerordentlich unterschiedlichen Dimensionen jedoch nur begrenzt entwickeln. Als im frühen 19. Jahrhundert eine Verbreiterung des Parks den Umzug von Bürgern zur Folge hatte, hub mit deren Wiederansiedelung an den südlichen Ecken des Parks ein Prozess an, der bis heute anhält; das Dorf fing an, mit seinen Neubauten den Schlossbereich zu umgeben. Dessen Herausgehobenheit, die die ursprünglich unbebauten Flächen im Osten, Westen und Süden noch betonten, geht seither verloren. Heute umringt die Ortschaft das Schloss schon auf drei Seiten.

Trotz der Entwicklung, die Schloss und Dorf stärker als bisher aneinanderbindet, ist die prägende Wirkung der gewaltigen barocken Anlage in die Landschaft hinaus nach wie vor gewichtig. Sie ist ihr optischer Bezugspunkt. Nach ihr richten sich die Neubaugebiete aus. Noch immer macht das zu Fuß kaum erreichbare Ensemble dem Besucher durch seine Lage Entfernung und damit die Weiträumigkeit der Landschaft erfahrbar.

Das fränkische Land mit seinen sanften Erhebungen, seinen Feldern und verstreuten Wäldern, verführte nicht nur zum Bau des Schlosses, es empfing auch von ihm. Weißenstein kann deshalb auch als Beispiel für eine bereichernde Interaktion von Natur und Menschenwerk gewürdigt werden.

Zum Schluss

Schloss Weißenstein in Pommersfelden zählt zu den schönsten Kulturdenkmälern Europas. Seine künstlerische Ausgestaltung und der Reichtum seiner Sinnbezüge tragen hierzu in gleicher Weise bei. Seine Ausstrahlung beglückt wie im 18. Jahrhundert auch die Menschen von heute. Hierin liegt seine eigentliche Bedeutung, über alle geschichtliche und kunsthistorische Würdigung hinaus. Sich von seiner besonderen Atmosphäre einfangen zu lassen und es zu genießen, sollte deshalb das Ziel eines jeden Besuches sein.

Abb. 16 Blick auf Schloss Weißenstein von der Nordwestseite. Stahlstich von Johann Gabriel Friedrich Poppel nach einer lavierten Bleistiftzeichnung von Carl August Lebschée. 24,3 cm x 37,7 cm. 1845.

Die Führungslinie durch Schloss Weißenstein

Uta Grund (UG) und Tilmann von Stockhausen (TvS)
mit Beiträgen von Dorothee Feldmann (DF) und Damiana Gräfin von Schönborn-Wiesentheid (DGvS)

Die äußere Erscheinung

Wer auf der Straße von Limbach dem Schloss entgegenfährt, wird einer ungewöhnlichen Ansicht gewahr. Die Dachlandschaft des im Halbkreis gebogenen Marstalls legt sich vor den Hauptbau des Schlosses und verdeckt den Erdgeschossbereich. Erst wenn man den westlichen Vorhof mit den ehemaligen Nutzbauten passiert und das Gittertor durchschritten hat, eröffnet sich der freie Blick auf die dreiflügelige Anlage mit dem mächtig hervortretenden Vorbau des Hauptgebäudes (Corps de logis), der sich deutlich von den ansonsten eher schlicht gehaltenen Fassaden abhebt.

Stilistisch unterscheiden sich der Corps de logis und der Mittelbau voneinander. Der Hauptbau ist nur zweigeschossig mit einem Halbgeschoss (Mezzanin) angelegt, der Vorbau jedoch dreigeschossig. Wie Türme akzentuieren die Eckpavillons die dreigeschossig mit Mezzanin ausgestatteten Seitenflügel. Abgeschlossen wird der Bau durch ein mächtiges Mansarddach, das sich über den Pavillons zu Mansardwalmdächern auffaltet. Die Fassaden des Hauptbaus und der Seitenflügel sind durch in

Abb. 17 Schloss Weißenstein von Süden.

Quadern ausgeführte, in unterschiedlichen Abständen gesetzte Pilaster mit ionischen Kapitellen gegliedert. An den Seitenflügeln wird nur die mittlere Achse durch Pilaster gerahmt, die den Aufgang zu einem Arkadengang markieren. Am Hauptbau sind die acht Achsen durch zwei von Pilastern gerahmte Achsen rhythmisiert. Querlaufende Gesimse teilen die Geschosse ein, nur das Dachgesims ist kräftiger ausgeformt und kragt fast einen halben Meter vor. Vor dem Dachgesims sind die Kapitelle deutlich tiefer gesetzt, ein Abstand von nahezu einem Meter an den Pavillons sorgt dafür, dass die Kapitelle durch die überkragenden Dachgesimse nicht verdeckt werden. Alle Fenster sind mit schlichten Laibungen gerahmt, die in der Beletage durch im Wechsel als Dreiecke oder Rundbögen geformte Fenstergiebel bekrönt werden. An den Eckpavillons schmücken Giebelchen die Fenster der zweiten Etage.

Die Fassadengestaltung ist im Wesentlichen auf Johann Dientzenhofer (1665–1726) zurückzuführen, nur an der Gestaltung des Vorbaus lässt sich der Einfluss eines anderen Baumeisters deutlich ablesen. Als der östliche Seitenflügel und Teile des Hauptbaus schon hochgezogen waren, schickte Lothar Franz von Schönborn Dientzenhofer nach Wien, der dort die Baupläne von Johann Lucas von Hildebrandt (1668–1745), dem damals führenden Baumeister Wiens, beurteilen lassen sollte. Hildebrandt hat in diesem Bereich deutlich eingegriffen. Die Fassade ist feiner ausgearbeitet und in ihrer Form viel stärker barock. Der dreiachsige übergiebelte Mittelbau wird links und rechts der mittleren Fensterachse durch mächtige Doppelsäulen mit Kompositkapitellen akzentuiert. Auf diesen liegt ein reich profiliertes Gesims. Zwischen dem querlaufenden Profil und dem Dachgesims schiebt sich ein flaches Geschoss mit Dachluken, die den Dachboden belichten. Im Gegensatz zum kantigen Charakter des Hauptbaus und den Seitenflügeln wird der Mittelbau durch runde Formen geprägt. Markantestes Merkmal sind die gerundeten Ecken, in die eine Fensterachse eingelassen ist und die dem mächtigen Vorbau Leichtigkeit und Spannung zugleich geben. Den Übergang zu den gerundeten Ecken markieren kräftige, abgestufte Pilaster, die sich aus Wandvorlagen im Erdgeschossbereich entwickeln und in abgetreppten Kapitellen münden. Alle Rahmungen sind am Vorbau schwungvoller und leichter als an den übrigen Fassaden. Bekrönt werden die Fenster mit geschwungenen Verdachungen mit muschelartiger Ornamentik im Giebelfeld. Im zweiten Geschoss stehen Büsten römischer Kaiser auf den Fenstergiebeln. Durch besonderen Schmuck hervorgehoben und auch leicht vergrößert ist das mittlere Fenster des Piano Nobile; es betont den darunterliegenden Eingang, dessen Portal sich nicht von den übrigen Rundbogenöffnungen des Erdgeschosses unterscheidet.

Im Giebelfeld halten zwei vollplastisch herausgearbeitete Löwen eine bekrönte Kartusche mit dem Schönbornwappen. Auf dem First des Giebels steht Merkur mit dem Heroldsstab (Caduceus). Als Götterbote ist er Vermittler zwischen Himmlischem und Irdischem und zudem Schutzpatron der Künste. Links und rechts außen flankieren die griechischen Gottheiten Mars und Athene das Giebelfeld, dazwischen steht rechts ein Genius mit dem Schönbornwappen, links ist ein Lautenspieler zu erkennen.

Beiderseits des Eingangs finden sich allegorische Figurengruppen aus Sandstein, die vermutlich wie die meisten Sandsteinskulpturen aus der Werkstatt Burkard Zammels' (um 1690–1757) stammen. Sie thematisieren Herrschaftstugenden. Auf der linken Seite geht es um eine Darstellung von Gerechtigkeit und Stärke. Als Attribut der Gerechtigkeit trägt ein Putto ein Liktorenbündel, Zeichen der römischen Staatsgewalt; auf die Stärke verweisen der Lorbeerkranz und die auf dem Boden liegenden Kriegsutensilien. Auf der rechten Seite werden Wachsamkeit und Wahrheit symbolisiert. Ein Hund demonstriert die Wachsamkeit, an seinem Halsband sind die Initialen LFC=Lothar Franz Churfürst eingemeißelt. Die abgerissene Maske verweist auf die Falschheit, die demaskiert wird. Der am Boden liegende abgeschlagene Medusenkopf ist ebenfalls als Sieg über die Verlogenheit zu verstehen.

Die rückseitige Ansicht des Schlosses ist wesentlich einheitlicher und kompakter gestaltet. Die Eckpavillons wie der Mittelbau treten nur risalitartig hervor. Im Übrigen ist der Hauptbau durch Pilaster und Gesimse unterteilt; die jeweils acht Achsen zwischen Mittelbau und Eckpavillon werden im Wechsel von zwei zu eins rhythmisiert. Die Rückseite des Mittelbaus ist fünfachsig angelegt, wobei die mittleren drei Achsen durch ein kleines Giebelfeld abgeschlossen werden. Diese drei Achsen sind auch nochmals als Risalit herausgebildet und treten leicht hervor. An der Fassadengliederung des Mittelbaus lässt sich die Struktur des dahintergelegenen Marmorsaals ablesen. Im dritten Geschoss sind hochovale Fenster eingeschnitten, die den oberen Bereich des Marmorsaales belichten. Über den Fenstern liegen geschwungene Verdachungen mit aufgesetzten Kaiserbüsten und Vasen, die im Wechsel aufeinander folgen. Genau wie auf der Hofseite sind auch auf der Parkseite die Ecken gerundet, allerdings ohne Fenstereinschnitt. Nur an den schmalen, rund fünf Meter tiefen Seitenstücken sind zwei Fensterachsen untergebracht.

Den Skulpturenschmuck auf der Rückseite dominiert die mächtige Figur eines Atlas', der auf dem Giebelfirst steht und einen gewaltigen aus Eisenbändern geformten Erdball auf seinem Rücken trägt. Im Giebelfeld ist wie auf der Hofseite das Schönborn'sche Wappen angebracht. Auf den Flanken des Giebels ruhen zwei Genien, der eine mit einem Füllhorn, der andere mit Ährengaben. An den Seiten des Giebels stehen kolossale Skulpturen der Mondgöttin Luna und des Endymion, ihres Geliebten. In der Gemäldesammlung des Kurfürsten finden sich ebenfalls zahlreiche Darstellungen von diesen beiden Figuren der antiken Sagenwelt. Die Dachfiguren stammen vermutlich von Johann Nikolaus Rösch (um 1695–1718) und Sebastian Drexler, die sich 1715 in Pommersfelden aufhielten, wie der Bauherr Lothar Franz in einem Brief an seinen Neffen Friedrich Karl berichtet. Vor den gerundeten Ecken des Mittelbaus stehen Figurengruppen, die links Pluto und Proserpina und rechts Apollo und Daphne darstellen. *TvS.*

Abb. 18 Schloss Weißenstein. Die Fassade des Hauptbaus zum Park hin.

Das Treppenhaus

Beim Betreten des Schlosses klärt sich, warum der Vorbau des Corps de logis so mächtig ausgefallen ist. Dieser Mitteltrakt ummantelt die prachtvolle Treppenhausanlage des Schlosses Weißenstein, die von ihrer Konzeption her ungewöhnlich und in der Architekturgeschichte ohne konkretes Vorbild ist. In dem fast quadratischen Raum ist der zweiseitige, dreimal seinen Lauf ändernde Treppenaufgang eingestellt, über dem sich die Galerien in den beiden Obergeschossen erheben. Auffällig ist die Eleganz des Stützensystems der beiden Umgänge. Im Obergeschoss sind es kannelierte Säulen mit Kompositkapitellen, im zweiten Obergeschoss öffnet sich die Galerie mit Rundbögen, die leichte Pfeiler mit Hermenpilastern tragen. Die filigrane Konstruktion der Galerien ließ sich nur realisieren, indem man Stützen und Gewölbedecke im Dachstuhl aufgehängt hat.

Das Stiegenhaus mit den umlaufenden Galerien erinnert in seiner architektonischen Form an Innenhöfe, wie sie in der italienischen Renaissance üblich waren. Das illusionistische Deckenbild verstärkt diesen Eindruck, es bildet eine Himmelszone ab, die dem Betrachter einen Blick in das Firmament vortäuscht. Zu Zeiten von Lothar Franz hatte der Treppenhausraum noch einen offeneren Charakter, da während der Sommermonate die Arkadenbögen zum Hof nur durch die kunstvollen, schmiedeeisernen Gitter geschützt wurden. Heute sind hier zusätzlich moderne Glastüren vorgesetzt. Bei der Restaurierung des Treppenhauses 1977 wurde die originale gelbe Farbgebung nach Befund rekonstruiert. Der gelbe Farbton war eigentlich gebräuchlich bei Außenanstrichen, und in der Tat war die gesamte Schlossfassade ursprünglich außen gelb gefasst. Mit dem gelben Farbton sollte der Eindruck entstehen, dass es sich bei der Treppenhausanlage um einen Innenhof handelt und nicht um einen Raumkörper im Schloss.

Die großartige Architektur des Treppenhauses ist das Ergebnis eines langen Planungsprozesses. Die ersten Entwürfe lieferte Johann Dientzenhofer (1665–1726). Da Lothar Franz mit ihnen nicht zufrieden war, fragte er seinen in Wien lebenden Neffen, Friedrich Karl Graf von Schönborn, um Rat. Dieser empfahl den Wiener Architekt Johann Lucas von Hildebrandt (1668–1745), der die vermutlich von Lothar Franz selbst stammende Idee der umlaufenden Galerien im Treppenhaus planerisch umsetzte. Die Hermenpilaster an den Stützen im oberen Geschoss verweisen auf Hildebrandt, da sie ein Stilmittel sind, das er gerne und häufig verwendete.

Die Ausgestaltung der weit gespannten Decke, die an den Rändern in einer Kehle ungefähr drei Meter hoch steigt und dann flach ausläuft, oblag dem aus der Schweiz stammenden Johann Rudolf Byss (1662–1738), der damals in Prag in den Diensten des Grafen Czernin stand. Er wurde im Jahre 1713 als Hofmaler von Lothar Franz angestellt und blieb es mit einer Unterbrechung bis an das Lebensende des Kurfürsten. Neben den Freskierarbeiten übernahm Byss noch zahlreiche andere Aufgaben, so betreute er auch die Gemäldegalerie und fertigte im Auftrag von Lothar Franz Kopien berühmter Gemälde an, so vor allem Blumenstillleben in der Art von Jan Brueghel dem Älteren.

Wahrscheinlich begann Byss 1717 mit der Ausmalung des Treppenhauses. Als Gehilfe wurde ihm Giovanni Francesco Marchini (ca. 1672–1745) zugeteilt, der sich auf Architekturkulissenmalerei spezialisiert hatte und auch genau diese Elemente übernahm. In der Malerei setzt sich die Architektur des Treppenhauses fort. Das abschließende Gesims ist mit etwas Staub abgetönt und farblich ins Grüne gezogen, um das Deckenbild stärker hervortreten zu lassen. Über der gemalten Balustrade entfaltet sich der illusionistische Blick in den freien Himmel.

Für das Deckenbild griff Byss das Thema der vier Erdteile auf, das in dieser Art zuerst im Treppenhaus der Gesandten in Versailles realisiert worden ist. Beim Eintreten in das Treppenhaus fällt dem Betrachter zunächst die Darstellung Europas ins Auge, die an der Stirnseite angeordnet ist und damit die Bedeutung Europas gegenüber den übrigen Kontinenten herausstellt. Wie auf einer Theaterbühne präsentieren sich eine Reihe von Figuren als Kontinent Europa. Dessen weibliche Verkörperung wird als Königin dargestellt, die Reichsapfel und Zepter, die Insignien der Macht im deutschen Kaiserreich, in der Hand hält und auf ihrem Umhang den Doppeladler, das Symbol des deutschen Kaiserreiches, trägt. Sie steht vor einem Schiff, dessen Bug einen Stierkopf formt, und damit auf die mythologische Geschichte des Raubes der Europa durch den in einen Stier verwandelten Jupiter verweist. Rechts hinter ihr steht ein römischer Krieger als Hinweis auf die Kriegskunst. Auf der rechten Seite folgen noch weitere Soldatenfiguren in römischer Rüstung. Da das 1806 untergegangene alte deutsche Reich seine Wurzeln im Römischen Reich sah und daher auch den offiziellen Namen Heiliges

Abb. 19 Schloss Weißenstein, das Treppenhaus. 1715–1719.

Abb. 20 Schloss Weißenstein, das Treppenhaus, erstes Geschoss mit dem „Vestibül". 1715–1719.

Römisches Reich Deutscher Nation führte, ist hier der Bezug auf die römische Welt erklärlich. Die Überlegenheit Europas in jener Zeit wird in der Darstellung von Byss vor allem in der militärischen Stärke gesehen, mit der der Einfluss der anderen Völker, so vor allem der der Türken, weit zurückgedrängt wurde. Während auf der rechten Hälfte der Europadarstellung drangvolle Enge herrscht, bleiben die Figuren auf der linken Hälfte isoliert. Ganz rechts steht ein Jägersmann neben erlegtem Wildbret. Diese Figur fällt etwas aus dem Rahmen, da sie als einzige den Eintretenden direkt anblickt. Ob hier nur der von Lothar Franz sehr geschätzten Jagd gehuldigt wird oder ob es sich vielleicht um eine Selbstdarstellung des Künstlers handelt, lässt sich nicht klären, da keine andere bildliche Darstellung des Malers überliefert ist. Rechts neben dem Schiff sind noch zwei miteinander plaudernde Frauen dargestellt, die die Wissenschaften und den christlichen Glauben verkörpern. Dies lässt sich an einem Gegenstand ablesen, den die Frau auf der rechten Seite in den Händen hält: Es handelt sich um die Kombination eines Pontifikalkreuzes mit einer sogenannten Armillarsphäre, einem astronomischen Gerät.

Den Himmelsrichtungen entsprechend folgen die anderen Kontinente. Es sind insgesamt nur vier Erdteile, da Australien Anfang des 18. Jahrhunderts zwar schon entdeckt war, aber noch nicht als eigenständiger Kontinent angesehen wurde. Während die Europadarstellung vom Eingang am besten betrachtet werden kann, richtete Byss die übrigen Seiten so ein, dass sich auf der oberen Plattform der Treppenanlage der günstigste Blickwinkel bietet. In der Europadarstellung sind die Figuren deshalb stärker verkürzt als auf den übrigen Seiten.

Asien wird ebenfalls von einer weiblichen Figur verkörpert. In erster Linie wird hier der vordere Orient vorgestellt, denn die meisten Personen tragen osmanische Gewänder und Turbane. Das Osmanische Reich erstreckte sich im frühen 18. Jahrhundert noch bis nach Arabien. Aus Südarabien stammte ein wertvoller Rohstoff, der Weihrauch, der dort aus dem Harz eines Baumes gewonnen wurde. Einige Brocken Weihrauch wirft die als reiche Sultanin gezeigte Personifikation Asiens auch gerade in ein Kohlebecken. Auf andere Teile dieses Kontinents verweist in der linken Bildhälfte ein chinesischer Reiter, der, an einer langstieligen Pfeife ziehend, auf einem Dromedar sitzt. Dieses symbolisiert den Handel, der ohne dieses genügsame Tier auf den weiten Strecken durch Wüstenzonen nicht möglich gewesen wäre. Direkt unter der Sultanin sieht man einen prächtigen, über die Brüstung gehängten Teppich; er geht noch über das Gesims hinweg und ist auf der unteren Seite in Stuck plastisch ausgeformt. Auch an anderen Stellen des Deckenbildes sind in dieser Form Malerei und Architektur miteinander durch bemalte Stuckelemente verknüpft. Eine solche Verzahnung erhöht die plastische Wirkung, wobei diese Technik in Pommersfelden nur in Ansätzen auftritt. In dem einige Jahre später entstandenen Kaisersaal der Würzburger Residenz sind das Deckenbild und die angrenzende Architektur viel stärker miteinander verwoben.

Auf der Südseite dokumentieren zahlreiche Figuren und Tiere den afrikanischen Kontinent. Wie auch bei den anderen Darstellungen wird der Erdteil durch eine – diesmal weitgehend unbekleidete – weibliche Figur verkörpert. Im Gegensatz zu Asien und Europa soll die Nacktheit den nach der Ansicht der Zeit geringeren Entwicklungsstand zeigen, sie verweist aber auch auf tropische Wärme. Um sich gegen die Sonnenstrahlen zu schützen, trägt Afrika einen Sonnenschirm. Den afrikanischen Kontinent charakterisiert vor allem seine exotische Tierwelt, so ist ein mächtiger Elefant zu sehen, an der Brüstung wird ein Löwe an einer Leine geführt, links sind zwei Strauße zu erkennen, die der Maler in starker Untersicht abgebildet hat.

Auf der Westseite schließt sich die Präsentation Amerikas an. Die in der Mitte angeordnete Personifikation des Kontinents stützt sich auf einen mächtigen Alligator, der von zwei kleinen Jungen an der Leine geführt wird. Vor ihr quellen aus einer Truhe Gold- und Silberschätze, die auf die Reichtümer verweisen, die die Europäer in Mittel- und Südamerika ausplünderten. Auch das Amerikabild bevölkern zahlreiche Tiere. Neben dem Alligator ist ein Pavian zu erkennen und auf der linken Seite steht ein Tier, das die Merkmale eines Lamas mit denen einer Giraffe zu verbinden scheint.

In der Himmelszone des Deckenbildes dominiert in der Bildmitte Apollo, der mit seinem Streitwagen, gezogen von vier Schimmeln, über die Wolken reitet. Apoll steht als Gott der Künste und Wissenschaften für die Tugend und dient der barocken Glorifizierung des Herrschers. Während im äußeren Kreis ringförmig entlang einer Blumengirlande alle Sternkreiszeichensymbole angeordnet sind, umringen im inneren Kreis antike Gottheiten den Streitwagen. Gleich rechts von Apoll sind Diana, die Göttin der Jagd, und ihre drei sie begleitenden Nymphen mit zwei Hirschkühen zu erkennen. Auf der Höhe des Apoll schwebt Merkur, der Götterbote, mit dem Heroldstab (Caduceus) in der Hand. Es folgen Jupiter und Saturn, auf der westlichen Seite sind Venus in einem von Tauben gezogenen

Abb. 21 Schloss Weißenstein, das Deckenfresko im Treppenhaus. Gemalt von Johann Rudolf Byss (1662 – 1738). 1717/1718.

Wagen und der Kriegsgott Mars mit einem wehenden roten Umhang zu erkennen.

Der Zyklus der Sternkreiszeichen beginnt mit dem Wassermann für den Monat Januar, der als Flussgott dargestellt wird. Als Attribute sind ihm ein mit Wasser gefüllter Krug und ein Ruder beigegeben. Im Uhrzeigersinn folgen dann die Fische, die von zwei Putti verkörpert werden. Auch um den dann folgenden Widder tänzeln einige Putti. Auf der Höhe des Merkur liegt der Stier auf einer Wolke, an der Blumengirlande entlang reihen sich dann die übrigen Sternzeichen, Zwillinge, Krebs, Löwe, Jungfrau, Waage, Schütze und Steinbock.

Schon beim Eintreten in das Treppenhaus fällt das unmittelbar vor dem Eingang in den Marmorsaal gelegene Vestibül durch die größere Spannweite zwischen den Stützen der Umgänge auf. Von unten blickt der Eintretende auf ein Fresko auf der Rückwand des Obergeschosses im Vestibül. Herkules wird von drei weiblichen Gestalten umringt, bei denen es sich um die Beständigkeit (Constantia), die an ihrem Attribut, einer Säule, erkennbar ist, handelt, sowie um den Sieg (Viktoria) mit dem Lorbeerkranz und die Glücklichkeit (Felicitas) mit einem Füllhorn. Herkules wird im Schloss Weißenstein immer wieder im Bildprogramm zitiert, denn die Heldentaten des griechischen Halbgottes dienen dazu, den Kurfürsten als guten und entschlossenen Herrscher vorzustellen. Auch in Kartuschen auf der gemalten Balustrade im Deckenfresko und auf den Deckenkartuschen der Galerieumgänge tauchen in Ton-in-Ton-Malerei (Grisaille-Malerei) ausgeführte Szenen aus dem Leben des Herkules auf.

Im Vestibül öffnet sich ein ovaler Ausschnitt in der gewölbten Decke, der den Blick auf ein Fresko an der Decke des Obergeschosses freigibt, auf der wiederum eine gemalte ovale Öffnung den Ausblick in den freien Himmel vortäuscht. Das Vestibül dient zur Vorbereitung auf den Eintritt in den Marmorsaal, gleichzeitig wird dem Bauherrn gehuldigt. Über dem Portalsturz erhebt sich eine bronzefarbene Büste von Lothar Franz, die durch eine Draperie aus Stuck, die zwei auf dem Gebälk sitzende Putti zur Seite raffen, noch effektvoll hervorgehoben wird. *TvS.*

Abb. 22 Schloss Weißenstein, der Marmorsaal. 1718.

Der Marmorsaal

Vom Vestibül gelangt man in den lichtdurchfluteten Hauptsaal des Schlosses, der über der Sala Terrena gelegen, die gesamte zweite Hälfte des Mittelbaus auf der Parkseite einnimmt. Wuchtige Säulen und Pilaster rhythmisieren die hohen Wände und betonen die vertikale Ausrichtung des Saales, der über zwei Geschosse bis unter den Dachstuhl reicht. Bei genauerer Betrachtung fällt auf, dass die Säulen und Pilaster nicht etwa das Deckengewölbe tragen, sondern ausschließlich kurze Gebälkstücke, auf denen Bögen und Doppelvoluten ruhen. Diese mächtige Scheinarchitektur ist ganz aus Stuckmarmor gebildet, nur für die Postamente der Säulen und Pilaster verwendete man echten Marmor aus einem Bruch in Katzenelnbogen im Taunus, dessen Farbe und Struktur bei der Anfertigung des künstlichen Marmors nachempfunden wurden.

Als Lothar Franz im Herbst 1718 nach Pommersfelden kam, war der Saal bereits fertiggestellt, der, so schrieb er dem Neffen Friedrich Karl nach Wien, seinem „gusto nach gantz was besonderes“ war. Der größte Teil der ursprünglichen Ausstattung ist heute noch zu bewundern, wie der Fußboden aus verschiedenfarbigen Marmorplatten, die festlichen Lüster aus geschliffenem böhmischem Glas, die raffinierte Scheinarchitektur aus Stuckmarmor und schließlich die großartige Decke mit Stuckaturen von Daniel Schenk (tätig 1714–1737), bronzierten Plastiken von Burkard Zammels (um 1690–1757) und den Deckenfresken des Wiener Hofmalers Johann Michael Rottmayr (um 1654–1730). Allerdings ist der originale Raumeindruck in einem wichtigen Punkt heute nicht mehr vollständig. So zeigt der Vergleich mit einem Kupferstich von Salomon Kleiner aus dem Jahr 1728, dass die Wandflächen zwischen den Säulen und Pilastern ursprünglich zahlreiche Ölgemälde bedeckten. Diese Bilder, von denen noch einige in der Sammlung Schönborn erhalten sind, waren nach einem wohlüberlegten Konzept ausgewählt, das sich auf die zentrale Aussage dieses Saales bezog. Die ursprüngliche Bedeutung des Marmorsaales lässt sich heute jedoch nur erschließen, wenn man weiß, dass bis 1721 an exponierter Stelle die Bildnisse des Kaisers Karl VI. und der Kaiserin Elisabeth Christina präsentiert wurden. Ihre Porträts hingen vis-à-vis, direkt über den beiden Kaminen unter stuckierten Draperien, dort, wo sich heute die ovalen Bildnisse von Lothar Franz und die seines Onkels Johann Philipp von Schönborn befinden.

Anfänglich war der Marmorsaal dem Kaiserpaar gewidmet. Lothar Franz wollte damit seine besondere Nähe zu diesem vor Augen führen. Ausgehend von den beiden Bildnissen über den Kaminen galt deshalb das gesamte Programm des Marmorsaales der Huldigung des Kaisers und seiner Gemahlin. So hing über dem Bildnis Kaiser Karls VI. (westlicher Kamin, d. h. links vom Eintretenden) ein monumentales Gemälde des Rubens-Schülers Theodor van Thulden (1606–1669). Dieses Gemälde befindet sich heute in der Kleinen Galerie des Schlosses Weißenstein und zeigt *Wie Merkur die Goldene Zeit ins Land bringt* (Inv. Nr. 568). Die Krönung Kaiser Karls VI. wurde damit als Wiederkehr des Goldenen Zeitalters ausgelegt. Über dem ehemaligen Platz des Porträts der Kaiserin Elisabeth Christina (östlicher Kamin, d. h. rechts vom Eintretenden), befindet sich heute noch *Sophonisbe, die aus Treue zu ihrem Gemahl Gift nimmt,* ein Gemälde des Italieners Antonio Balestra (1666–1740). Dieses Bild, das auf die tugendhafte Treue der Kaiserin verweist, hängt heute verkleinert in einer hochovalen Rahmung über dem Kamin und gehört damit zu der Folge von großen Medaillons, welche die Fensterform der oberen Wandzone des Marmorsaales aufnehmen.

Auch die Deckengestaltung nimmt auf das Kaiserpaar und das Kaisertum Bezug, so vor allem die 1717 fertiggestellten Malereien von Johann Michael Rottmayr. In der senkrechten Achse über dem ehemaligen Kaiserin-Porträt sieht man in einem Nebenfresko des Hauptbildes die Allegorie der Liebe (Caritas), eine Tugend, die wiederum auf die edle Gesinnung der Elisabeth Christina verweisen soll. Auf der Gegenseite im Westen, wo sich ursprünglich das Porträt des Kaisers befand, ist die Weisheit (Sapientia) als Herrschertugend Karls VI. dargestellt. Das Nebenfresko über dem Haupteingang zeigt die Kardinaltugend Gerechtigkeit (Justitia); und über der Fensterreihe erscheint gemäß der Devise Karls VI. „Constantia et Fortitudine“ die zusammengesetzte Allegorie der Beständigkeit (Constantia) und Tapferkeit (Fortitudo). Diese Huldigung der Tugenden kulminiert schließlich in dem durch einen prachtvollen Rahmen gefassten zentralen Deckenbild.

In fulminant aufleuchtender Farbigkeit inszeniert Rottmayr den Sieg der kaiserlichen Tugenden über die Laster. Venus, die Göttin der Liebe, fährt in einem von Schwänen gezogenen Triumphwagen durch den aufklarenden Himmel, der in gleißendem Sonnenlicht erstrahlt. Vor dieser leuchtenden Erscheinung weichen die Laster zurück und fallen hinab ins Dunkel, aus dem Flammen emporschlagen.

Abb. 23 Schloss Weißenstein, Detail aus dem Marmorsaal, die persische Monarchie. Geschaffen von Burkard Zammels (um 1690–1757). 1717.

Da es am Wiener Hof des frühen 18. Jahrhunderts üblich war, die Kaiserin Elisabeth Christina als Venus zu feiern, könnte hier mit auf sie angespielt sein. Damit wäre zugleich auf den Hausherrn von Schloss Weißenstein hingewiesen, denn Lothar Franz hatte sich sehr für ihre Heirat mit dem damaligen spanischen König und späteren deutschen Kaiser Karl VI. eingesetzt. Als Anspielung auf diese besondere Verbindung zum Kaiserhaus finden sich am Mittelbild diagonal anschließend vier kleine vergoldete Reliefs mit Heldentaten des Herkules, der im Schloss Weißenstein stets auf Lothar Franz verweist.

Direkt unter den Herkulesreliefs, hoch oben auf den Gebälkstücken der Säulen, sind vier Figurengruppen aus bronziertem Stuck platziert. Geschaffen von Burkard Zammels symbolisieren sie die vier Weltmonarchien des Alten Testaments. An der Wand zum Treppenhaus findet sich links das babylonische Weltreich als geflügelter Löwe mit dem historischen Herrscher Nebukadnezar und rechts das persische Weltreich als Bär mit Cyrus oder Darius. Über den Fenstern ist links der geflügelte vierköpfige Panther, Symbol des griechischen Weltreichs, mit Alexander dem Großen, und rechts das Römische Reich als zehnfach gehörnter Löwe mit dem Kaiser Augustus dargestellt. Die vier Weltmonarchien repräsentieren die Kontinuität der Reichsidee seit dem assyrisch-babylonischen Reich. In einen universelleren Zusammenhang wurden Kaiserpaar und Kaisertum zudem durch die Personifikationen der vier Zeitalter gestellt, die als bronzierte Stuckplastiken in den oberen Raumecken auf Gebälkstücken sitzen. Das Goldene Zeitalter mit Füllhorn und Bienenkorb befindet sich an der Wand zum Treppenhaus links, das Silberne mit Ährenbündel rechts. An der Fensterwand ist links das Bronzene Zeitalter in Gestalt der Pallas Athene zu sehen und rechts das Eiserne als Krieger.

Der Zusammenhang zwischen dem Bildprogramm des Marmorsaales und den beiden Kaiserbildnissen ging verloren, als Lothar Franz 1721 – also bereits drei Jahre nach Fertigstellung des Saales – die beiden Gemälde entfernen ließ. Die Gründe hierfür sind nicht bekannt. Jedenfalls ist an der Stelle über dem Kamin, wo das Bildnis Kaiser Karls VI. hing, heute ein Porträt des Bauherrn Lothar Franz von Schönborn zu bewundern, und den Platz der Kaiserin nimmt nunmehr ein Porträt von Johann Philipp von Schönborn (1605–1673) ein. Beide Porträts schuf der Wiener Hofmaler Frans van Stampart (1675–1750). Sie hingen zunächst beiderseits der Tür zum Treppenhaus, dort, wo auch heute wieder Bildnisse von Mitgliedern der Schönborn'schen Familie zu sehen sind. Beginnend über dem Eingang neben dem westlichen Kamin sind folgende Personen dargestellt:

- in der Kartusche:
  Anselm Franz Graf von Schönborn (1681–1726), kaiserlicher General-Feldmarschall-Leutnant;
- Johann Philipp Franz Graf von Schönborn (1673–

Abb. 24 Schloss Weißenstein, das Deckenfresko im Marmorsaal. Gemalt von Johann Michael Rottmayr (um 1654 – 1730). 1717.

1724), Fürstbischof von Würzburg;
- Rudolf Franz Erwein Graf von Schönborn (1677–1754), Herr zu Wiesentheid;
- über dem Haupteingang in der Kartusche:
  Franz Georg Graf von Schönborn (1682–1756), Erzbischof und Kurfürst von Trier, Fürstbischof von Worms;
- Maria Eleonore Gräfin von Schönborn, geb. Gräfin von Hatzfeld-Gleichen (1679–1718), Frau von Rudolf Franz Erwein;
- Friedrich Karl (1674–1746), Fürstbischof von Bamberg und Würzburg, Reichsvizekanzler;
- über der östlichen Tür in der Kartusche:
  Kardinal Hugo Damian Graf von Schönborn (1676–1743), Fürstbischof von Speyer und Konstanz. *UG.*

Die Große Galerie

Im Anschluss an den Marmorsaal führt der Rundgang den Besucher von Schloss Weißenstein in die Große Galerie. Sie liegt im ersten Obergeschoss des östlichen Zwischenbaues und ist durch eine Tür mit dem Treppenhaus verbunden. Hier betritt man nun den ehemals privaten Wohnbereich des Kurfürsten Lothar Franz von Schönborn und wird, wie einst vom Bauherrn geplant, von der nach wie vor beeindruckenden Fülle seiner Gemäldesammlung empfangen.

Bei der Großen Galerie handelt es sich um einen Raum, der fast die komplette Länge des Zwischenbaus misst, in der Höhe zwei Stockwerke in sich vereint und einzig und allein der Repräsentation der Gemäldesammlung dienen sollte. Am hinteren Ende wurde eigens zur Unterbringung von kleinformatigen Bildern ein kleiner Raum, das sogenannte Blumenkabinett, abgetrennt. Die Galerie hat auf Anweisung von Lothar Franz, der auch hier maßgeblich an der Planung beteiligt war, keine Kamine oder Öfen, wohl aber drei Türen, wovon eine, direkt in der Mitte der ansonsten geschlossenen Wand, in das rückwärtig zum Park hin gelegene Audienzzimmer des Kurfürsten führt. Die Türen an den Schmalseiten der Galerie wurden zwar gegenüberliegend, aber nicht mittig, sondern seitlich gelegen konzipiert. Durch eine zusätzliche obere Fensterreihe mit nach unten abgeschrägten Laibungen gelang es, den gesamten Raum durch Tageslicht auszuleuchten. Die unteren Fenster erhielten Läden, auch versah man den Raum in der Sockelzone, ebenso wie alle anderen Schau- und Wohnräume im Schloss, mit einer umlaufenden Lamberie aus Holz. Da Lothar Franz in der Galerie keine Form von Bildhauerei aufstellen wollte, weil er sie als störendes Element und als eine Beeinträchtigung beim Betrachten seiner Gemälde empfunden hätte, entwarf Johann Lucas von Hildebrandt (1668–1745) 1714 eine Stuckdecke, in welche drei Leinwandgemälde von Carlo Cignani (1628–1719) eingelassen wurden. In der Mitte befinden sich noch heute *Die Vermählung der Ariadne mit Bacchus*, zum Treppenhaus hin *Die Befreiung der Andromeda durch Perseus* und zum Blumenzimmer hin *Der Raub der Proserpina durch Pluto.*

Noch im gleichen Jahr wurden die Stuckarbeiten von Daniel Schenk (tätig 1714–1737) ausgeführt. Sie zeigen ein abwechslungsreich profiliertes Gesims, über dem die Deckenstuckatur ansetzt. Die Scheitelzonen zwischen den Deckengemälden schmücken Rosetten aus zartem Band- und Gitterwerk in der für Schloss Weißenstein und Daniel Schenk typischen Manier. Die Kehle gliedern Figuren und Reliefs. Zwischen den Rosetten und den Gemälden sind zu beiden Wandseiten noch Ziersockel mit Lambrequins, in denen sich ovale allegorische Reliefs finden, eingefügt. Über den doppelvolutigen Bögen sind Versinnbildlichungen der Künste, Götterfiguren und Putten, Jagdtiere, Vögel und Trophäen dargestellt. Der erhabene Stuck ist unbe-

Abb. 25 Schloss Weißenstein, die Große Galerie. Kupferstich von Salomon Kleiner (1703–1761). 17,4 cm x 40,9 cm. 1728.

malt weiß, mit nur wenig Vergoldung auf einem blaugrauen Grund. Dazu kommen spärliche, vorwiegend grüne Farbtöne für Blumen und Papageien, die vollplastisch ausgearbeitet sind. Die Fenstergewände sind mit Ornamenten in Rosa und Blau bemalt, während der gewölbte Sturz in jedem Fenster unterschiedlich stuckiert ist. 1715 konnten bereits die Bodenplatten aus gelbbraunem, rötlichem und schwarzem Marmor verlegt werden.

Schon 1712 hatte Lothar Franz die Lage der Großen Galerie im Raumgefüge des Schlosses festgelegt. Sie musste in unmittelbarer Nähe zu seinen Privatgemächern liegen, aber dennoch separat vom Treppenhaus aus begehbar sein, denn der Kurfürst wollte nicht nur selbst die Möglichkeit haben, sich jederzeit an seiner Gemäldesammlung ergötzen zu können, sondern auch seine Besucher sollten in seiner Abwesenheit die Möglichkeit haben, den Raum zu besichtigen. Beim Bau von Schloss Weißenstein standen daher neben den Diskussionen um das Treppenhaus die Bauberatungen für die Große Galerie immer mit im Mittelpunkt. Neben der Platzierung des Raumes innerhalb des Schlossgebäudes und seiner Beleuchtung mittels einer zweiten oberen Fensterreihe, war für Lothar Franz auch wichtig, dass das richtige Höhen- und Breitenverhältnis des Raumes getroffen wurde.

Da die Galerie nach dem Willen des Kurfürsten mit nichts anderem als Gemälden behängt werden sollte, die ursprünglich Rahmen an Rahmen in vier Reihen übereinander die Wandflächen ausfüllten, gab es zunächst keine Wandbespannung. Die heutige Bespannung aus rot bemaltem Leinen stammt aus dem 19. Jahrhundert, als durch Veräußerungen und Verlagerungen der Gemäldebestand deutlich reduziert und eine Bedeckung der frei gewordenen Wandflächen nötig wurde.

1724 ließ Lothar Franz sein Schloss durch Salomon Kleiner in einem Stichwerk verewigen. Die wiedergegebene Aufhängung stimmt im Vergleich mit der Aufzählung der Bilder aus einem Galeriekatalog von 1746 genau überein. Bis ins späte 18. Jahrhundert trugen die Gemälde alle noch die bei Kleiner sichtbaren kleinen Blechschilder mit den Namen der Maler. Heute tragen sie kleine vergoldete Holzschilder mit der derzeit gültigen Inventarnummer nach dem Gemäldekatalog von Theodor Frimmel aus dem Jahr 1894. Die heute vorhandene Möblierung mit Konsoltischen und Tabourets wurde nachträglich ergänzt.

Den Grundstock für die heute als Kunstsammlungen Graf von Schönborn bekannte Sammlung legte Lothar Franz bereits in jungen Jahren. Schon als Domherr war er im Besitz einer bedeutenden Anzahl von Kunstwerken und um ca. 1700 finden sich erste Notizen über Gemäldekäufe größeren Ausmaßes in seiner Korrespondenz.

Schloss Gaibach, das den Grafen von Schönborn seit 1650 als private Residenz diente und das bis zum Bau von Schloss Weißenstein der bevorzugte Wohnort des Kurfürsten war, beherbergte bereits eine große Anzahl von Gemälden, die dort in kleinen Kabinetten, nach Themen gegliedert, hingen. Ab 1704 beschäftigte Lothar Franz mit dem Maler Jan Jodocus Cossiau (um 1660–1734) seinen ersten Galeriedirektor und eigenen Hofmaler. Cossiau war über 25 Jahre bei dem Kurfürsten angestellt und hinterließ in der Sammlung eine nicht unerhebliche Anzahl eigener Bilder, wobei es sich zumeist um Landschaftsdarstellungen in blautoniger Malerei handelt, die nie als Repräsentationskunst verstanden werden sollten, sondern als reine Ausstattungsobjekte für die fürstlichen Gemächer dienten. Lothar Franz schickte Cossiau während seiner Dienstjahre zum Studium nach Paris und Rom und zum Neukauf von Gemälden durch ganz Europa. Cossiau kaufte aber nicht nur, sondern stellte für Lothar Franz vor allem viele Kontakte zu zeitgenössischen Künstlern her.

Von Anfang an sollten in Pommersfelden hauptsächlich repräsentative Stücke gezeigt werden, die der Kurfürst nicht nur von Cossiau, sondern auch über weitere Mittelsmänner, meist Familienmitglieder und kirchliche Gesandte, bezog. Seine Mittelsmänner beobachteten für ihn den Kunstmarkt und berichteten regelmäßig über neue Kaufmöglichkeiten.

Beispielsweise reiste sein Neffe Franz Georg 1708 für ihn zum Bilderkauf nach Köln und machte anschließend für seinen Onkel mehrere Atelierbesuche bei dem italienischen Maler Francesco Trevisani in Rom. Rudolf Franz Erwein führte für Lothar Franz die Verhandlungen zum Kauf mehrerer Gemälde von Daniel Seyter mit einem Turiner Kaufmann, Damian Hugo kaufte für Lothar Franz in Wien Gemälde bei Strudel, die beiden großen Gemälde in der Großen Galerie von Luca Giordano stammen aus dem Verkauf der fürstlich Mansfeldischen Galerie. Berichte über den Verkauf des Nachlasses der in Rom verstorbenen Königin Christine von Schweden verfolgte der Kurfürst mit regem Interesse. Der General Anselm Franz vermittelte ihm die Bekanntschaft mit dem Augsburger Schlachtenmaler Rugendas, von dem mehrere Werke in der Sammlung erhalten sind. 1713 kaufte Cossiau bei nur einer Gelegenheit in Amsterdam 11 Bilder ein, darunter Gemälde aus der Sammlung Wilhelm von Oraniens, wie die *Caritas* von Peter Paul Rubens, die er für 1120 Gulden ersteigerte und die heute zu den Prunkstücken in Schloss Weißenstein zählt.

Da der Schlossbau in Pommersfelden rasch voranschritt und Lothar Franz auf die Fertigstellung seiner Galerie drängte, kamen bereits im Juli 1714 die ersten Transporte von Bildern aus Gaibach. Im Sommer 1715 wurde dann mit dem Hängen begonnen, wobei lediglich die Symmetrie der Wandaufteilung eine Rolle spielte, nicht aber das Sujet der Bilder. In einem Brief an seinen Neffen Friedrich Karl schrieb Lothar Franz voll Stolz, dass er in nur 5 Tagen 250 Bilder in 2 Zimmern seines Schlosses aufgehängt habe, davon 146 in der Galerie selbst und 90 in dem angrenzenden Blumenzimmer.

Seit 1713 beschäftigte Lothar Franz den Schweizer Maler Johann Rudolf Byss (1662–1738) als Galeriedirektor in Pommersfelden. Er malte nicht nur das Deckenfresko im Treppenhaus des Schlosses, sondern vor allem kleinformatige Tafelgemälde, in denen er breughelsche Traditionen mit zeitgenössisch-eleganter französischer Malart verschmolz. Lothar Franz ließ ihn in anderen Galerien Bilder kopieren, sodass er mit fast jedem Malstil vertraut war und seine Malweise der anderer Künstler gut anpassen konnte.

1719 entschloss sich Lothar Franz, seine Sammlung zu katalogisieren. Er ließ Byss eine erste Aufstellung seiner Bilder für Pommersfelden und Cossiau eine ebensolche für Gaibach machen. 1719 und 1721 erschienen so mit den Galeriekatalogen von Pommersfelden und Gaibach die ersten deutschen gedruckten Galeriekataloge überhaupt.

Als Lothar Franz 1729 verstarb, umfasste allein die Gemäldesammlung etwa 2000 Werke, gleichzeitig hinterließ er seinem Erben Friedrich Karl aber auch Schulden in Höhe von 860.000 Gulden. Friedrich Karl stornierte umgehend bereits erteilte Aufträge und sah sich gezwungen, erste Verkäufe vorzunehmen. Über die Jahre wurden zwar immer wieder Bilder aus anderen Schlössern der Familie nach Pommersfelden verbracht und dem Besitz dort zugefügt, aber es gab keine Zukäufe in größerem Umfang mehr. Franz Erwein von Schönborn (1776–1840) öffnete die Galerie ab 1840 dem gebildeten Publikum zur Besichtigung.

Von den einstmals 146 Gemälden befinden sich heute noch 35 in der Großen Galerie. Es handelt sich hauptsächlich um großformatige Bilder, die in zwei Reihen übereinander gehängt sind. Gleich links neben der Eingangstür finden wir in der unteren Reihe *Das Urteil des Midas* (Inv.Nr. 597) von Alessandro Turchi (1582–1648). Dargestellt ist der musikalische Wettstreit zwischen Apoll und Pan, in dessen Verlauf Apoll die Ohren von Midas zu Eselsohren werden ließ, da dieser das Spiel der Hirtenflöte von Pan besser wertete, als die von Apoll auf seiner Leier gespielten Weisen. Zwei Gemälde stammen von Luca Giordano (1632–1705). Links und rechts von der Tür zum Audienzzimmer beherrschen sie, gerahmt in vergoldeten Holzrahmen, die Wand. Links *Elias und das Opfer* (Inv.Nr. 614), welches den Propheten Elias bei seinem Triumph über das Heidentum zeigt, während rechts der *Sieg des Christentums über das Judentum* (Inv.Nr. 615) versinnbildlicht wird. Die zwei Gegenstücke befinden sich seit 1718 in Pommersfelden und hingen, wie bei Kleiner ersichtlich, einst an den Schmalseiten über den Türen der Großen Galerie.

Peter Paul Rubens (1577–1640) und seiner Werkstatt zugeschrieben ist links neben der Tür zum Audienzzimmer die Darstellung *Der Tod des Heiligen Anthonius Abbas* (Inv.Nr. 475). Dieses Gemälde ist heute fast noch an seinem originalen Standort wiederzufinden und lediglich aus der vierten in die erste Reihe umplatziert worden.

Ebenfalls aus der vierten Reihe in die erste umplatziert wurde der *Heilige Martin* (Inv.Nr. 161) von Anthonis van Dyck (1599–1641). Das Bild zeigt den ursprünglich römischen Soldaten, wie er seinen Mantel mit einem Bettler teilt. Es handelt sich hierbei um eine von drei Wiederholungen des Themas aus der Hand des Künstlers. Die Komposition zielt auf den Moment der Mantelteilung, die kurz bevorsteht.

Von Federico Bencovich (1670–1740) finden sich gleich zwei Gemälde in der Großen Galerie. *Hagar in der Wüste* (Inv.Nr. 29) zwischen dem dritten und vierten Fenster in der oberen Reihe und die *Opferung der Iphigenie* (Inv.Nr. 29a) an der Schmalseite der Galerie zum Blumenzimmer. Während das erste Bild bereits 1719 in der Galerie verzeichnet ist, handelt es sich bei der Opferung der Iphigenie eigentlich um ein Deckengemälde, das zwar auch 1719 schon im Katalog aufgeführt wurde, aber eigentlich die Decke eines anderen Salons zierte.

In der unteren Reihe entlang der Fensterwand hängen heute Szenen aus dem Alten und Neuen Testament. Von diesen Bildern stammen nur zwei ursprünglich aus der Galerie. Die Nummern 328 bis 331 von Johann Karl Loth (1632–1698) gemalt, hingen in Gaibach und wurden erst Mitte des 18. Jahrhunderts nach Pommersfelden verbracht.

Nennenswert sind noch die großen Tierstücke die heute in der oberen Reihe der Galerie aufgehängt sind. Sie gehören zu der Serie, die der Kurfürst bei dem Maler Johann Melchior Roos (1659–1731) für sein Kabinett mit Tierstücken in Gaibach bestellt hatte. *DF.*

Abb. 26 Schloss Weißenstein, die Große Galerie. Stuckdecke von Daniel Schenk (tätig 1714–1737). 1714.

Abb. 27 Schloss Weißenstein, das Blumenkabinett.

Das Blumenkabinett

Beim weiteren Rundgang gelangt man durch die dritte Tür der Großen Galerie in das Blumenkabinett. Es handelt sich um einen schmalen rechteckigen Raum, der von einem offenen Kamin dominiert wird. In diesen ist eine Kupfertafel mit einem Blumenstillleben von Johann Rudolf Byss (1662–1738) eingelassen. Bekrönt wird der Kamin von einer vergoldeten Stuckbüste, die den omnipräsenten Bauherren zeigt. Darüber befindet sich ein Baldachin mit Kurhut, dessen Seiten von zwei Adlern mit dem Schnabel gehalten werden. Die Adler werden rechts und links von zwei Putten flankiert. In der Kamininnenwand befindet sich eine gusseiserne Platte, verziert mit floralen Elementen und den Initialen von Lothar Franz. Ursprünglich gab es links neben dem Kamin eine Tür, die es dem Kurfürsten ermöglichte, aus seinem Arbeitszimmer direkt in den Galeriebereich zu gelangen, vor allem um ungesehen einen Blick in den Ehrenhof der Schlossanlage werfen zu können. So entging dem Kurfürsten, dessen Privatgemächer sich ja auf der Parkseite des östlichen Zwischenbaus befanden, auch nicht das Geschehen auf dem Hof und er war frühzeitig über ankommende Gäste informiert.

Die Stuckdecke von Daniel Schenk (tätig 1714–1737) wurde 1714 fertiggestellt und ist eine der anmutigsten im Schloss. Sie zeigt auf blassrosafarbenem Grund ein graziöses Bandwerk in Weiß, während die Blumenbouquets und Papageien in Grün und mit nur wenig Goldauflage ausgeführt sind. Im ovalen Spiegel befindet sich ein Rondo mit Relief, das als Thema den Raub von Ganymed durch Jupiter zeigt. Die seitlichen vier runden Stuckreliefs stellen Hofbedienstete dar. Die Malereien der vier dazwischen liegenden Medaillons sind leider im Laufe der Zeit durch die schwierigen klimatischen Verhältnisse im Schloss weitestgehend zerstört und heute nicht mehr zu identifizieren. Die Wandbespannung stammt aus dem 19. Jahrhundert. Die Möblierung besteht aus einer vergoldeten Konsole mit Marmorplatte, darauf eine Uhr und drei Armlehnsessel mit geflochtener Sitzfläche, wie sie mehrfach im Schloss vorkommen.

In diesem kleinen Raum hingen ursprünglich 90 Bilder in mehreren Reihen übereinander. Noch heute finden sich hier nur Stillleben, jedoch in stark verminderter Zahl. Das berühmteste unter ihnen ist mit Abstand der *Große Blumenstrauß in einer Porzellanvase* (Inv.Nr. 35) von Peter Binoit (1590/93–1632). Dargestellt sind etwa 100 verschiedene Pflanzenarten in ganz unterschiedlichen Blühstadien in einer in Gold gefassten chinesischen Vase mit Landschaftsdarstellung. Allerdings sind nicht nur unterschiedliche Blühstadien, sondern auch die verschiedenen Jahreszeiten, in denen die Pflanzen normalerweise blühen, zusammengefasst.

Relativ selten in der Bildgattung der Stillleben sind die beiden *Nachtstillleben* (Inv.Nr. 222, 223) von Franz de Hammilton (tätig 1661–1686) an der Nordwand des Blumenkabinetts, die 1721 im Katalog von Gaibach erwähnt werden. Schlangen, Kröten, Eidechsen und Nachtfalter tummeln sich hier.

Ein weiteres Gemälde von Byss findet man in der *Allegorie der vier Tageszeiten* (Inv.Nr. 76), das an der Wand zur Galerie befestigt ist. Umgeben von einem Blütenkranz stehen hier vier Figuren für die vier Tageszeiten, vierundzwanzig kleine Kinder für die vierundzwanzig Stunden des Tages.

Das *Stillleben mit Krebs und Nautilus* (Inv.Nr. 228) von Cornelis de Heem (1631–1695) ist ein weiteres prachtvolles Beispiel für die hohe Kunst der Stilllebenmaler des 17. Jahrhunderts. In besonderer Weise ist hier die Wiedergabe von Reflexen, Oberflächen und Materialien wie Silber, Glas und Perlmutt gelungen. *DF.*

Abb. 28 Cornelis de Heem (1631–1695), Krebs und Nautilus. Öl auf Eichenholz. 56,5 cm x 47,5 cm.

Die Kleine Galerie

An das Blumenkabinett anschließend führt der Rundgang über die Kleine Galerie in den Ostflügel des Schlosses und die rückwärtig gelegenen Zimmer des Appartements von Lothar Franz. Bei der Kleinen Galerie handelt es sich um einen eingeschossigen Gang, der die Räume des südöstlichen und des nordöstlichen Pavillons miteinander verbindet und schon zu Zeiten des Kurfürsten mit Gemälden geschmückt war. Die Deckenfresken stammen von Johann Jakob Gebhardt (tätig 1704–1735) und zeigen in pastellem Rosa auf sieben Bildfeldern Putten als Götterdarstellungen und dazu lateinische Sinnsprüche. Die Stuckaturen aus Akanthusranken stammen von Daniel Schenk (tätig 1714–1737). Der Marmorfußboden ist im 20. Jahrhundert neu verlegt worden und nicht mehr original.

Im Laufe der Jahre erfuhr der Gang mehrere bauliche Veränderungen. Ein Großteil der Türen, die auf dem Grundrissplan von Salomon Kleiner noch deutlich zu sehen sind, sind heute zugemauert. Auch der Zugang zum Befeuern der Öfen aus den noch im Folgenden beschriebenen Galerieräumen ist entfernt worden, um eine möglichst geschlossene Wandfläche zur Hängung der Gemälde zu erhalten. Die Möblierung ist nachträglich erfolgt.

Über den Türen finden sich vier Gemälde des Augsburger Malers Johann Heinrich Schönfeld (1609–1675), die ursprünglich als Supraporten für das Tafelzimmer bestimmt waren. *David weist die Wasserkrüge zurück* (Inv.Nr. 527), *Sybille übergibt ihre Bücher dem Augur* (Inv.Nr. 528), *Julius Cäsar werden von seinen Soldaten Lorbeerkränze überreicht* (Inv.Nr. 529) und *Tarpeja unter den Sabinern* (Inv.Nr. 530) sind vier von fünf Gemälden des Malers, die sich in der Sammlung erhalten haben.

Von einem unbekannten Meister stammt die Augentäuschung einer Grafik auf einem Holzbrett (Inv.Nr. 144), die täuschend echt eine mit Ölfarben gemalte Zeichnung auf einem ebenfalls gemalten Holzbrett zeigt. Diese Trompe-l'Œil genannte Malerei erfreute sich im 18. Jahrhundert großer Beliebtheit und sollte den Betrachter ganz bewusst täuschen. Das barocke Spiel zwischen Schein und Wirklichkeit wird hier in ganz besonderer Kunstfertigkeit deutlich, denn der Künstler hat mit Ölfarbe und Pinsel eine schwarz-weiße Grafik wiedergegeben, für die man eigentlich ganz andere Malutensilien benötigen würde.

Ein weiteres Stück aus dem einstigen Gaibacher Kabinett mit Tierstücken sind die *Zwei hängenden Rebhühner* (Inv.Nr. 224) von Franz de Hammilton (tätig 1661–1686), ebenso wie das vorangegangene Bild an der Stirnseite des Ganges positioniert.

Die Toilette der Venus (Inv.Nr. 338) und *Das galante Paar* (Inv.Nr. 337) von Johann Liss (1597–1629) zählen zu den international bekannteren Werken aus der Sammlung. Beide bereits 1719 im Katalog aufgeführt, sind durch die heutige Hängung in einem Raum zusammengeführt. Der aus Oldenburg stammende Barockmaler Liss, der nach Aufenthalten in Holland und Flandern den Großteil seiner Lehrjahre in Venedig verbrachte, verstand es vortrefflich, holländische und venezianische Malweisen in seinem eigenen Stil zu verschmelzen.

Beherrscht wird die linke Wand der Kleinen Galerie durch das Gemälde *Christi Geburt* (Inv.Nr. 642) von Joachim Antonisz Wtewael (1566–1638), das ursprünglich in der Schlosskapelle hing.

Flankiert wird das Gemälde von Wtewael in der oberen Reihe von zwei Sinnesdarstellungen des aus Prag stammenden Malers Peter Johann Brandl (1660–1739), der auch als Porträtist für den Kurfürsten gearbeitet hat. *Das Gehör* (Inv.Nr. 61) und *Das Gesicht* (Inv.Nr. 62) versinnbildlichen in der Darstellung eines alten Mannes, der mit seinen Händen auf das entsprechende Organ weist, zwei der fünf Sinne.

Gegenüber an der Fensterwand hängt die Darstellung eines Römischen Imperators (Inv.Nr. 177) von Domenico Fetti (1589–1624). Das 1719 noch in der Großen Galerie befindliche Bildnis zeigt den römischen *Kaiser Titus* in einer übergroßen Halbfigur in seitlicher Profilansicht. Es handelt sich um die Kopie aus einer Serie von zwölf Kaiserbildnissen, die Tizian für den Herzog von Mantua anfertigte und die heute verloren sind.

Entlang der Fensterwand finden sich weitere wichtige Bildnisse aus der Gemäldesammlung, die alle jeweils nur eine Person als Bildinhalt wiedergeben, so zum Beispiel das Bildnis von *Bischof Georg III. von Bamberg* (Inv.Nr. 157), welches aufgrund seiner Signatur gerne Albrecht Dürer zugeschrieben wird oder das Selbstbildnis (Inv.Nr. 583) von Francesco Trevisani (1656–1747). Das *Bildnis eines Herrn* (Inv.Nr. 73) von Bartholomäus Bruyn (1493–1555) galt lange als ein Gemälde von Hans Holbein d. J.

Um die Wandaufteilung nach Achsen und eine gewisse Symmetrie in den Bildgrößen auch für die Kleine Galerie zu vollziehen, plazierte man 1927 als Gegenstück zu dem Gemälde von Wtewael eine Allegorie (Inv.Nr. 568) von Theodor van Thulden (1606–1676) an der Innenwand der Kleinen Galerie.

DF.

Abb. 29 Schloss Weißenstein, die Kleine Galerie.

Das Holländische Zimmer

Nach der Kleinen Galerie führt der Rundgang in eine Folge von vier Räumen (Enfilade), die bis zum Spiegelkabinett im äußersten Eck des nordöstlichen Pavillons reicht. Zu ihnen zählen das Holländische Zimmer, das Nussbaumkabinett und die beiden Italienischen Zimmer. Alle vier dienten ehemals zur Unterbringung von Gästen, Anfang des 20. Jahrhunderts wurden sie als Galerie eingerichtet. Um damals die Hängung in der Großen Galerie entsprechend dem veränderten Geschmack lockerer gestalten zu können, verlegte man zahlreiche Bilder von dort in diese Räume. Der Wohnraumcharakter hat sich aber andeutungsweise erhalten, da vereinzelt Möbelstücke aufgestellt sind.

Den ersten Raum der Enfilade bildet das Holländische Zimmer, in dem überwiegend holländische und flämische Gemälde des 17. Jahrhunderts ausgestellt sind. Die dichte Hängung vermittelt noch einen guten Eindruck von barocken Arrangements. Neu ist die Gruppierung nach Länderschulen, im frühen 18. Jahrhundert war sie nicht üblich. Die Deckengemälde in diesem Raum wurden zu Beginn des 20. Jahrhunderts von Carlone Matteucci (tätig 1919–1939) übermalt, der lange Jahre in Pommersfelden als Restaurator arbeitete.

An der Fensterseite befindet sich das ganz in antikisierender Tradition gehaltene Werk von Cornelis C. van Haarlem (1562–1638) mit *Bathseba im Bade* (Inv. Nr. 100). Dieser Haarlemer Maler ist in den Kunstsammlungen der Grafen von Schönborn gleich dreimal vertreten. Ein zweites Bild hängt an der Nordseite des Raumes, das bezeichnete und datierte *Göttermahl* (Inv. Nr. 99) aus dem Jahre 1612: Es zeigt die Hochzeit von Peleus und Thetis, zu der auch Eris, die Göttin der Zwietracht, erscheint. Eris übergibt Jupiter einen goldenen Apfel, der dem Schönsten der Götterrunde zukommen soll. Dieser goldene Apfel spielt später in einer griechischen Heldensage erneut eine Rolle. Der Trojaner Paris soll entscheiden, welche der drei Göttinnen – Hera, Athene oder Aphrodite – er für die schönste hält. Hierzu bekommt er den goldenen Apfel, den er dann auch der Göttin seiner Wahl überreicht. Die Darstellung des Hochzeitsmahls von Peleus und Thetis war in der holländischen Malerei als Tugendallegorie beliebt, maßlosem Essen und Trinken sollte entgegengewirkt werden.

Der flämische Maler Joos de Momper d. J. (1564–1635) ist mit zwei Landschaften vertreten (Inv. Nr. 364 und 365). Vier Werke in diesem Raum stammen von Gerard van Honthorst (1592–1656), der zu den typischen Vertretern der von dem italienischen Maler Carravaggio beeinflussten Utrechter Malschule gehört, die oftmals einige Zeit in Italien gearbeitet haben. Honthorst erlangte auch in der Porträtkunst Bekanntheit. Aus diesem Genre finden sich im Holländischen Zimmer drei eindrucksvolle Beispiele, die Honthorst zugeschrieben werden. Als Gegenstücke angesehen werden der *Violinspieler* (Inv. Nr. 254) und das *Bildnis einer Frau* (Inv. Nr. 253). *Der Violinspieler* hat seine Geige gerade abgesetzt und ist in einem Augenblick überbordender Freude dargestellt, seine Faust ballt er demonstrativ zum Triumph, die Frau hält in der linken Hand einige Geldstücke, die sie vielleicht für Liebesdienste erhalten hat. Ein weiteres Bildnis zeigt eine versonnen nach oben blickende Frau; sie repräsentiert die *Melancholie* (Inv. Nr. 211). Von Honthorst stammt auch das großformatige, bezeichnete Bild *Sine Cerere et Baccho friget Venus* (Ohne Ceres und Bacchus friert Venus; Inv. Nr. 252), das ursprünglich im Marmorsaal hing. Die friedlich beisammen sitzenden Gottheiten Ceres (Ackerbau), Bacchus (Wein) und Venus (Liebe) verkörpern die Einheit der menschlichen Bedürfnisse. Unter dem großen Honthorst-Gemälde hängt eine kleine *Paradiesdarstellung* (Inv. Nr. 69) von Jan Brueghel dem Jüngeren (1601–1678). Dieser hatte sich auf Tier- und Blumendarstellungen spezialisiert und zeigt hier eine besonders gelungene Landschaftskomposition. Die Figurenstaffage mit der ikonografisch interessanten Darstellung der Erschaffung Evas aus der Rippe Adams ist vermutlich später von anderer Hand ergänzt worden.

Ins Auge fällt schließlich ein Gemälde, das als Supraporte über dem Durchgang zur Kleinen Galerie hängt. *Ein trunkener Silen* (Inv. Nr. 622) von großer Körperfülle wird von seinen Trinkkumpanen weggetragen. Wahrscheinlich handelt es sich um ein frühes Werk von Peter Paul Rubens (1577–1640) oder dessen Kreis, das noch vor 1600 nach einer Zeichnung von Andrea Mantegna entstanden ist. Von nicht minder deutlicher Derbheit ist eine *Bauernhochzeit* (Inv. Nr. 71), die Pieter Brueghel dem Älteren (1525–1569) zugeschrieben wird. Über diesem Bild hängt eine *Allegorie der Fruchtbarkeit* (Inv. Nr. 276) von Jacob Jordaens (1593–1678), mit einem ungewöhnlich dominanten weiblichen Rückenakt im Vordergrund. *TvS.*

Abb. 30 Schloss Weißenstein, das Holländische Zimmer.

Das Nussbaumzimmer

Dem Holländischen Zimmer folgt ein kleiner Raum, das sogenannte Nussbaumkabinett, dessen Wände vollständig mit Holz ausgekleidet sind. Die feinen Stuckaturen der Decke mit Girlanden und Vögeln wurden von Daniel Schenk (tätig 1714–1737) geschaffen, das mittlere Deckenbild wie im Holländischen Zimmer zu Beginn des 20. Jahrhunderts von Carlone Matteucci übermalt.

Die Vertäfelung des Nussbaumzimmers stammt vermutlich aus der Werkstatt des fränkischen Kunstschreiners Ferdinand Plitzner (1678–1724), der auch das Spiegelkabinett in Schloss Weißenstein geschaffen hat. Die Vertäfelungen kommen ganz ohne Schnitzwerk aus, sie wirken allein durch den warmen Holzton und die wechselnde Richtung der Maserung. Ihre in schlichten Formen gestalteten Furnierelemente sind aus heimischem Nussbaum- und Nussbaumwurzelholz. Auch die feinen Einlegearbeiten in der Mitte des Dielenbodens könnten in der Werkstatt Plitzners gefertigt worden sein. An der Stirnseite des Raumes befindet sich ein offener Kamin mit zurückhaltendem Marmorrahmen, dessen Öffnung jedoch in der Regel durch eine Holzklappe im Stil der Vertäfelung verschlossen bleibt. Darüber hängt ein Spiegel (um 1718) mit vergoldetem Rahmen und einem fein geschnitzten Aufsatz mit Chinoiserien.

Im Nussbaumkabinett hängen einige kleinformatige Werke holländischer Provenienz. Eine *Wachstube* (Inv. Nr. 95) stellt das kleine Genre-Bild von Pieter Codde (1599–1678) dar, die *Spielenden Kinder* (Inv. Nr. 101) gleich daneben malte Cornelis C. van Haarlem. Auf der linken Seite versteckt sich eine ausdrucksstarke *Studie eines Pferdekopfs* (Inv. Nr. 164), die Anthonis van Dyck (1599–1641) zugeschrieben wird. Diese Ölskizze malte der Künstler auf eine alte Rechnung, an den Seiten lassen sich noch einige Zahlen und Worte erkennen. An seitlichen Scharnieren befestigt sind zwei Bilder an der Fensterseite. Je nach Lichteinfall können sie zur besseren Sichtbarkeit ausgerichtet werden. Bei dem *Porträt eines Mannes* (Inv. Nr. 163) handelt es sich um eine Kopie nach Jan Lievens (1607–1674) und links um das Bildnis einer *Schäferin* (Inv. Nr. 373) von Paulus Moreelse (1571–1638), deren entblößte Brust, ebenso wie die Muschel als Attribut der Venus, der Darstellung eine erotische Ausstrahlung verleiht. Eine sehr ähnliche Version dieses Bildes befindet sich in der Alten Pinakothek in München.

Abb. 31 Schloss Weißenstein, das Nussbaumzimmer.

Auf einer Stellwand mitten im Raum steht ein *Christus als Schmerzensmann* (Inv. Nr. 248), der Albrecht Dürer (1471–1528) zugeschrieben wird. Dieses Ölgemälde geht auf eine Komposition Dürers zurück, wie eine Bleistiftzeichnung aus der Bremer Kunsthalle aus dem Jahre 1522 belegt. Ob das Gemälde jedoch von Dürer selbst stammt, ist umstritten. Vielleicht handelt es sich um die Wiederholung eines Dürer-Gemäldes aus dem Besitz des Erzbischofs von Mainz, Albrecht von Brandenburg, das lange im Mainzer Dom aufgestellt war und mehrfach urkundlich belegt ist. *TvS.*

Abb. 32 Albrecht Dürer (1471–1528) zugeschrieben, Ecce Homo. Öl auf Holz. 86 cm x 59 cm.

Das erste Italienische Zimmer

Nach dem Nussbaumkabinett folgen zwei Galerieräume, die ausschließlich mit italienischen Gemälden ausgestattet sind. In beiden haben sich die Farbgebung und die Gestaltung der Decke aus der Erbauungszeit erhalten. Im ersten Italienischen Zimmer ist die Decke in einem graublauen Grundton gestrichen. Die Stuckatur formt eine weit ausladende Rosette, die mit zahlreichen vergoldeten oder bronzierten Schmuckformen dekoriert ist, welche an Glöckchen erinnern. Im Mittelfeld befindet sich eine Ölmalerei auf Stuck, die wahrscheinlich von Johann Jakob Gebhardt (tätig 1704–1735) stammt und Phaeton, den Sohn des Sonnengottes Apoll, in seinem Streitwagen durch den Himmel reitend, zeigt. In den Eckmedaillons sind rottonige Malereien mit szenischen Darstellungen der griechischen Götter Apoll und Athena zu sehen, so beispielsweise wie Apoll einen Drachen tötet. Den Formen der Decke entspricht der Dielenboden, in den in der Mitte ein filigranes Sternenmuster eingelegt ist.

In diesem Zimmer lässt sich ein gusseiserner Ofen mit einem Relief des Schönborn-Wappens bewundern, der von einer Gießerei aus dem Frankfurter Raum gefertigt wurde. Die schwungvollen Rokoko-Möbel stammen aus der Manufaktur Abraham Roentgens (1711–1793) aus Neuwied. Die Anschaffung der Roentgen-Möbel fällt vermutlich in die 1760er-Jahre. Ein langgestrecktes Kanapee orientiert sich noch an der englisch-niederländischen Möbelmode. An den Seiten stehen auf geschwungenen Bockshufen zwei elegante Kommoden mit vergoldeten Beschlägen, deren Schubfächer ebenfalls einem leichten Schwung folgen.

Direkt neben dem Ofen hängt eines der bedeutendsten Bilder der Pommersfeldener Sammlung, *Susanna mit den beiden Alten* (Inv.Nr. 191), gemalt von Artemisia Gentileschi (1597– nach 1651), das Lothar Franz als Geschenk des Malers Benedetto Luti erhalten hat. Nach der Datierung 1610 handelt es sich hier um ein frühes Werk der römischen Künstlerin, die damals noch als Gehilfin in der Werkstatt ihres Vaters Orazio Gentileschi arbeitete. Die Komposition ist ähnlich aufgefasst wie bei der *Susanna mit den beiden Alten* (Inv. Nr. 296) von Willem Key in der Kleinen Galerie. Susanna sitzt unbekleidet am Rande eines Badebrunnens, nur ein weißes Tuch bedeckt ihren Schenkel. Einen Fuß taucht sie in das Wasser am untersten Rand des Bildes. Hinter ihr stehen dicht beieinander, auf einer rückwärtigen Brüstung aufgelehnt, die beiden ihr auflauernden Männer. Die Susanna-Legende erfreute sich in der Malerei des Barock großer Beliebtheit und in der Galerie des Kurfürsten taucht dieses Motiv auch mehrfach auf. Es geht um die Verteidigung der Keuschheit, denn Susanna lehnte das Begehren der beiden Alten ab. Diese sannen daraufhin auf Rache und behaupteten, sie habe die Männer verführen wollen und gegen die strengen Sitten der Zeit verstoßen. Ein Gericht wollte Susanna zum Tode verurteilen, doch gelang es Daniel, der ihre Verteidigung übernommen hatte, durch eine geschickte Befragung, die beiden Männer in Widersprüchlichkeiten zu verwickeln, die letztendlich die Unschuld Susannas bewiesen.

Um die Entstehung des Bildes ranken sich Legenden. Die deutlich sichtbare Signatur auf dem Brunnenrand wird im 19. Jahrhundert erstmals erwähnt, nachdem das Gemälde vorher mehrfach verschiedenen Malern zugeschrieben worden war. Die Datierung auf das Jahr 1610 würde bedeuten, dass Artemisia dieses Werk im Alter von 13 Jahren geschaffen hat. Die große Sicherheit in der Darstellung lässt es aber auch möglich erscheinen, dass dieses Bild erst nach 1614 entstanden ist, als die Künstlerin schon in Florenz arbeitete. Ungewöhnlich ist bei dem Gemälde die deutliche Abwehrreaktion der Susanna gegenüber den sie bedrängenden Alten. Ihre Beine wendet sie zur linken Seite vom Betrachter ab, auch ihr Gesichtsausdruck verdeutlicht Abwehr und Abscheu. Unabhängig von der Diskussion um das Jahr der Entstehung dieses Bildes handelt es sich ohne Frage um ein Hauptwerk des italienischen Manierismus und um eine der ausdrucksvollsten Darstellungen dieses Themas schlechthin.

Die anderen Bilder des Raumes stammen von italienischen Meistern des Barock. Sehr dunkel und martialisch wirkt das großformatige Werk *Kain und Abel* (Inv. Nr. 351), das als Caravaggio-Schule gilt. Von energischer Dynamik und großer Bewegtheit zeugt der *Sieg der Aurora über die Nacht* (Inv. Nr. 346) von Paolo de Matteis (1662–1728). Diesem zugeschrieben, in der Ausführung jedoch weniger elegant und leicht, ist die *Geburt der Venus* (Inv. Nr. 596), die in einer thronartig ausgeformten Muschel sitzend von zwei Seeungeheuern durch das Meer gezogen wird. Auf der rechten Wand befinden sich ganz links oben in der Ecke zwei wichtige Werke des venezianischen Malers Giovanni Antonio Pellegrini (1675–1741), der längere Zeit in England, den Niederlanden und den deutschen Staaten gearbeitet hat. *TvS.*

Abb. 33 Schloss Weißenstein, das erste Italienische Zimmer.

Susanna und die beiden Alten – das liebste Bild der Schlossherrin

Meine erste Begegnung mit der Kunstsammlung der Familie der Grafen Schönborn fand in Schloss Weißenstein statt, als ich noch sehr jung war, in Venedig lebte und an der Universität Cá Foscari Kunstgeschichte studierte. Damals lud mich mein späterer Schwiegervater zu den Klassik-Konzerten ein, die bis heute im Rahmen des Collegium Musicum im Juli und August in Pommersfelden stattfinden. Obwohl mir bekannt war, wie bedeutend die Gemäldesammlung, zumal die Sammlung italienischer Meister, ist, wirkte sie überwältigend auf mich, als ich sie das erste Mal mit eigenen Augen betrachten konnte. Gut erinnere ich mich an meine Aufregung, die von Saal zu Saal wuchs, als ich den gleichen Rundgang durchschritt, wie es auch heute noch jeder Besucher tut.

Unter den vielen wunderbaren Bildern zog mich – und zieht mich noch immer – eines besonders in seinen Bann: Das Gemälde *Susanna und die beiden Alten* der römischen Malerin Artemisia Gentileschi (1597– nach 1651). Als ich dieses Bild das erste Mal sah, verspürte ich eine Erregung, wie sie nur die Kunst vermitteln kann, ein Augenblick der Schwebe entstand, den Intellekt und Herz gleichermaßen mit Bewunderung und Bewegtheit erfüllten. Es war eine ganz besondere Begegnung, die damals stattfand. Eine Begegnung mit einer großen Künstlerin und zugleich die Begegnung mit einer Frau als Künstlerin.

In dieser von einer Frau dargestellten Susanna scheinen viele Gefühle auf. Schmerz, Kummer und Verletzbarkeit zeigt ihr wehrloser Körper. Die helle Farbe ihrer Haut und die fast unnatürliche Verdrehung der Bewegung unterstreichen mit unmissverständlicher Klarheit und Bestimmtheit die Ablehnung und Verachtung, die Susanna den beiden Alten entgegenbringt. Bemerkenswert ist auch die Haltung der Hände. Sie verhindern eher die Annäherung, als dass sie abweisen. Zwingend ist die geradlinige Komposition des Gemäldes; das Auge des Betrachters wird weder durch Faltenwürfe noch durch Gegenstände abgelenkt. Die Darstellung konzentriert sich auf das Wesentliche, die Bank, den Himmel, das Wasser, auf Susanna und die beiden Männer, und zwar in einer sehr persönlichen Anordnung, beinahe perfekt geometrisch, als Dreieck. Der Blick des Betrachters folgt der Komposition und nimmt die klar definierten Räume des Bildgeschehens auf. Den unteren beherrscht Susanna mit weicher Helligkeit und bewegender Haltung, ihren unverhüllten Körper streift und erfüllt das Licht eines strahlenden Tages. Im oberen Teil des Gemäldes scheint sich ein imaginärer Kreis aus dem kaum abgewinkelten Arm Susannas, den Händen und dem dunklen Mantel zu formen. Dieser Kreis umfängt die Gesichter der beiden alten Männer mit ihrem Flüstern und Schauen, schließt aber gleichzeitig Susanna aus, lässt sie draußen, gleichsam frei sein, wenn auch tiefer platziert. Dieses unerhörte Bild vermittelt, ganz unabhängig von der Erregung, die von ihm ausgeht, den tiefen Atem der Luft am Himmel jenes Tages voll azurnen Lichtes.

Heute ist Schloss Weißenstein Teil meines täglichen Lebens, aber es ist für mich noch immer aufregend, durch die Galerie zu gehen. Dankbarkeit gegenüber dem Mann, der dieses Schloss entstehen ließ, erfüllt mich dabei. Er war eine große Persönlichkeit, bedeutend in der Politik und für die Religion, ein Mäzen, der mit Wissen und innerlichster Anteilnahme soviele Kunstwerke gesammelt hat: Kurfürst Lothar Franz von Schönborn. In seinem Schloss Weißenstein sind seine Persönlichkeit und seine besonderen Begabungen gegenwärtig – und noch immer lebendig. Ich sehe es als meine Aufgabe mit an, sein Andenken zu pflegen und der nächsten Generation weiterzugeben. *DGvS.*

Abb. 34 Artemisia Gentileschi (1597– nach 1651), Susanna und die beiden Alten. Öl auf Leinwand. 170 cm x 119 cm.

Das zweite Italienische Zimmer

Im zweiten Italienischen Zimmer kommt vor allem dem Deckenstuck herausragende Bedeutung zu. Wahrscheinlich stammt er von Daniel Schenk (tätig 1714–1737). In der Deckenmitte sind zwei Rosetten mit Bandelwerk platziert. An den Seiten finden sich in Medaillons über den Gesimsen Darstellungen von Burgen und Schlössern. Sie sind als Reliefs in Stuck geformt und einheitlich weiß gefasst. Identifizieren lassen sich die Bauwerke nicht, aber sie sollen an die anderen Schlösser und Burgen der Grafen von Schönborn, so beispielsweise an Gaibach oder Wiesentheid, erinnern. Einige humoristische Detailszenen, so bei der Burg über dem Durchgang zum Spiegelkabinett ein Flaschenzug, der im Vergleich zu den Ausmaßen der Anlagen deutlich vergrößert erscheint, erhöhen noch den Reiz dieser Reliefs. Die Deckenflächen sind in einem warmen Gelbton gehalten. Auf den Freiflächen ist, vermutlich nachträglich, eine Groteskenmalerei aufgetragen, die auf die Ornamentik des Stucks Bezug nimmt. Zwischen der floralen Ornamentik bewegen sich musizierende Gauklerfiguren der Commedia dell'Arte, Eichhörnchen, kostümierte Affen sowie tanzende Kranichvögel, Darstellungen, die sich über das ganze Schloss verteilt finden. Der leichte Schwung dieser Figuren wird noch betont durch eine gemalte Schattenlinie, die jeweils auf der dem Fenster abgewendeten Seite aufgetragen ist. Die Anlage des Fußbodens korrespondiert mit der Komposition der Decke, in den Dielenboden ist eine Mittelrosette mit verschiedenen Hölzern eingelegt.

Auch dieser Raum ist ganz der italienischen Kunst gewidmet. Im Vordergrund stehen biblische Themen und hier in erster Linie die Geschichte von Esau und Jakob. Auf der dem Fenster gegenüberliegenden Wand hängen zwei Gemälde von Francesco Guarino (1611–1654), beide um 1640 entstanden. Vermutlich wurden sie von Friedrich Karl von Schönborn, dem Neffen von Lothar Franz, für die Galerie erworben. Links oben befindet sich die Szene *Jakob erhält von Esau das Erstgeburtsrecht für ein Linsengericht* (Inv.Nr. 85), ein Gemälde, das vor allem durch seine deutlichen Farbkontraste besticht. Zentral in der Bildmitte steht Esau, er hat seinen Blick gesenkt. Hungrig blickt er auf den Teller Linsensuppe, den ihm sein jüngerer Bruder Jakob reicht und für den er sein Erstgeburtsrecht vergibt. Esau ist als Jäger dargestellt, der gerade mit seinen Gefährten von der Jagd zurückkehrt. Einer der Begleiter schultert zwei Hasen auf dem Rücken und führt an der rechten Hand zwei Jagdhunde. Für einen Jäger ist Esau allerdings viel zu festlich gekleidet. Sein prächtiges rotes Gewand mit Pelzbesatz, umschlungen von einem leuchtend blauen Tuch, bildet einen farblichen Kontrast zu dem dunkelgrünen Damastgewand seines Bruders, der zusätzlich noch einen gelben Umhang und eine blaue Mütze trägt. Esaus Erstgeburtsrecht wird symbolisiert durch einen Stab, den er wie ein Staffelholz gedankenverloren an seinen Bruder weitergibt.

Den Fortgang dieser alttestamentarischen Geschichte zeigt das zweite Bild von Francesco Guarino auf der rechten Seite. Hier erschleicht sich Jakob mit Hilfe seiner Mutter Rebekka den Segen des blinden Vaters Isaak (Inv.Nr. 87). Dieser ist, auf einem Bett mit Baldachin sitzend, ganz im dunklen Schatten versunken, was sein Nicht-Sehen-Können noch dramatisch verdeutlicht. Isaak tastet nach seinem Sohn Jakob, der seinen Unterarm mit einem Stück Fell umwickelt hat, um den stark behaarten Arm seines Bruders Esau vorzutäuschen. Das gleiche Thema wird in dem Gemälde des Bologneser Malers Carlo Cignani (1628–1719) von etwa 1709 dargestellt (Inv.Nr. 93), das zwischen den beiden Bildern von Guarino hängt. Bei Cignani erscheint Rebekka als die eigentliche Anstifterin, während Jakob noch als unschuldiges Kind vorgestellt wird.

Auf der Fensterseite fällt ein hochformatiges Christusbildnis (Inv.Nr. 400) ins Auge, das in der Mitte des 16. Jahrhunderts vermutlich von dem venezianischen Maler Antonio Palma (1510–1575) geschaffen wurde. Nahezu in Körpergröße steht Christus im Moment der Auferstehung auf der Steinplatte seines Grabes, schwungvoll legt sich die Kirchenfahne um seinen kräftig gebauten Körper. Am Bildrand lassen sich die Köpfe der beiden schlafenden römischen Soldaten erkennen, die das Grab Christi bewachen sollten. Vermutlich hat dieses ehemals als Altarbild dienende Gemälde ursprünglich sehr hoch gehangen, denn es ist in seiner Komposition darauf angelegt, dass der Betrachter von unten heraufblickt.

Als Fortsetzung der Auferstehungsgeschichte dient das Gemälde von Bernardo Strozzi (1581–1644) mit der Szene *Christus in Emmaus* (Inv.Nr. 556) auf der gegenüberliegenden Seite. In einer Gaststube in dem Ort Emmaus sitzt Christus mit zwei Jüngern, die ihn auf der Straße getroffen, jedoch nicht erkannt haben. Erst im Augenblick des Brotbrechens erkennen Kleophas und Lukas, die beiden Jünger, ihren Herrn. *TvS.*

Abb. 35 Schloss Weißenstein, das zweite Italienische Zimmer.

Das Spiegelkabinett

Als glanzvollen Höhepunkt der Raumfolge seiner Privatgemächer ließ Lothar Franz ein Spiegelkabinett direkt neben seinem Schlafzimmer anlegen. Das Kabinett befand sich damit im privatesten Wohnbereich, zu dem der Kurfürst jederzeit schnell und bequem Zugang hatte, um sich ungestört in die Betrachtung vertiefen zu können. Nur einzelnen, auserwählten Gästen war es erlaubt, diesen exklusiven, nur wenige Quadratmeter großen Raum zu betreten, um die „freudt undt gemächlichkeit des hausherrn" für kurze Zeit in staunender Bewunderung zu teilen.

Im Europa des frühen 18. Jahrhunderts galten Wandspiegel als erlesene Kostbarkeit, da die Herstellung und der Transport großflächiger Spiegelscheiben sehr aufwendig war. Um diese nicht importieren zu müssen, gründete Lothar Franz 1698 eine Spiegelmanufaktur in Lohr am Main. Hier konnten Spiegel bis zu einer Größe von 2,30 Meter mal 1,40 Meter hergestellt werden. Aus Lohr kamen auch jene Spiegel, die heute noch im Pommersfeldener Spiegelkabinett zu sehen sind – einem der wenigen, original erhaltenen Räume dieser Art.

Die Idee des barocken Spiegelkabinetts geht auf zwei grundlegende Einflüsse zurück. In Holland wurden Spiegel seit der zweiten Hälfte des 17. Jahrhunderts in den Porzellankabinetten der reichen holländischen Patrizier angebracht, um die ausgestellten Sammlungsgegenstände, zumeist fernöstliche Porzellane, von allen Seiten betrachten zu können und die wertvollen Stücke zugleich scheinbar zu vervielfältigen. Spiegelkabinette hatten hier den Charakter begehbarer Sammlungsschränke. Im Frankreich Ludwigs XIV. dagegen dienten großflächige Spiegel, wie etwa in der Spiegelgalerie von Versailles, zur Selbstbespiegelung der Mitglieder des Hofstaates und damit zur Demonstration des königlichen Machtanspruchs. Das Spiegelkabinett im Schloss Weißenstein verweist auf beide Traditionen: Symmetrisch angeordnete, große Spiegelflächen laden ein zur Selbstbetrachtung, während zahlreiche kleinere Spiegel mit vorgesetzten Konsolen das dort aufgestellte asiatische Porzellan wiedergeben. Doch steht das kostbare Porzellan hier nicht im Vordergrund des Interesses, es ist vielmehr Teil einer Vielfalt von Eindrücken, welche den Betrachter damals wie heute zugleich fesseln und verwirren. Die facettenreichen Spiegelungen verwandeln gewissermaßen Sein in flüchtigen Schein. Dieser Effekt entsprach in hohem Maße der barocken Freude am Spiel, die integrierender Bestandteil des Denkens dieser Epoche war; ein Denken, das gern die Grenzen zwischen Ernst und Lachen, Scharfsinn und Kaprice, zwischen Selbstbespiegelung und Selbstbesinnung verunklärt hat.

Den verblüffenden Formenreichtum des Pommersfeldener Spiegelkabinetts entwarf ein fränkischer Kunstschreiner, der heute viel zu wenig bekannt ist: Ferdinand Plitzner (1678–1724). Plitzner erlernte die hochentwickelten Techniken des Möbelhandwerks wohl zunächst in Paris, dann bei dem Ansbacher Hofebenisten Johann Matouche und arbeitete ab 1706 in Eyrichshof bei Hans Georg Freiherrn von Rotenhan, dem Oberstallmeister des Kurfürsten Lothar Franz. Das Pommersfeldener Spiegelkabinett entstand zwischen 1714 und 1718. Plitzner hat hier nicht nur Intarsienboden, Wandvertäfelung, Konsoltische und Gueridons als einheitliches Ensemble entworfen, sondern auch die von Daniel Schenk stuckierte Decke gestalterisch beeinflusst. Damit ging Plitzner weit über die herkömmliche Möbeltischlerei hinaus und schuf ein komplexes Raumkunstwerk, das ihn als einen der bedeutendsten Ebenisten seiner Zeit ausweist.

Von herausragender Pracht ist der Fußboden des Spiegelkabinetts. Plitzner hat hier eine Technik angewandt, die ursprünglich für kostbare Möbelstücke entwickelt wurde: die Marketerie, eine weiterentwickelte Form der Intarsientechnik, welche besonders feinteilige Ornamente ermöglicht. Hierbei liegen die aus unterschiedlichen Furnierhölzern geschnittenen Formen wie eine zweite Haut über der Grundfläche. Plitzner beherrschte die Marketerietechnik mit außergewöhnlicher technischer Perfektion. Auf dieser Basis konnte er einen Formenreichtum entwickeln, der nur mit dem französischer Möbelkünstler vergleichbar ist. Als Inspirationsquellen dienten Plitzner in erster Linie die Entwürfe von Jean Bérain (1637–1711), der als Kammer- und Kabinettzeichner am Hofe König Ludwigs XIV. in Frankreich arbeitete. Bérain hatte bereits am Ende des 17. Jahrhunderts das sogenannte Bandelwerk in die Dekorationskunst eingeführt. Bei Plitzner findet sich zu einem für Deutschland sehr frühen Zeitpunkt voll ausgebildetes Bandelwerk: schmale, vielfach ineinander verschlungene Ornamentbänder aus verschiedenfarbigen Hölzern. Plitzner nutzte hierfür das damals gängige Verfahren der Brandschattierung, bei

Abb. 36 Schloss Weißenstein, das Spiegelkabinett. 1714–1718.

Abb. 37 Schloss Weißenstein, Detail aus dem Fußboden des Spiegelkabinetts. Gefertigt von Ferdinand Plitzner (1678–1724). 1714–1718.

dem helle Hölzer leicht angeglüht wurden, etwa in einer Pfanne mit heißem Sand, um durch diese Abtönungen die Illusion eines plastischen Überlagerns der Bänder zu erzeugen.

Das ursprünglich rechtwinklige Kabinett wurde von Plitzner so geformt, dass ein achteckiger Grundriss entstand. Auf diese Weise konnte er dunkle Ecken vermeiden und eine gleichmäßige, weiche Ausleuchtung des Raumes erreichen. Außerdem wurden dadurch die Möglichkeiten vielfältiger Spiegelungen erweitert. Betrachtet man den Fußboden genauer, fällt auf, dass dessen Gestaltung auf den achteckigen Grundriss des Raumes Bezug nimmt. So findet sich die Abschrägung der Raumecken im zentralen länglichen Ornamentfeld wieder. Eingefasst wird diese Grundform durch ein breites, reich ornamentiertes umlaufendes Band, das eingelassene Rundfelder aus graviertem Zinn akzentuieren. Radial angelegte Ornamentflächen vermitteln zu den abgeschrägten Raumecken. In den gerahmten Feldern entfaltet sich verschlungenes Bandelwerk und überall sprießen üppige Akanthusranken. Im Zentrum des Fußbodens schließlich befindet sich das in graviertem Zinn auf Ebenholz gestaltete Monogramm von Lothar Franz. Dieser Bereich ist besonders aufwändig gestaltet. So entdeckt man Kraniche mit Schlangen in den Schnäbeln, Schmetterlinge oder kleine Blumenbouquets, die sogar, wie in den holländischen Stillleben des 17. Jahrhunderts, von winzigen

Fliegen und Käfern bevölkert sind. Hier wird besonders deutlich, dass sich Plitzners Kunstschreinerei mit der Malerei messen wollte. Dieser einzigartige Boden ist damit nicht einfach Nutzfläche, sondern selbst Schaustück für ein auserwähltes Publikum.

Die Wände und Fensterlaibungen des Spiegelkabinetts sind in unterschiedlich große Felder eingeteilt, gerahmt durch schmale Ränder von Nussbaumfurnier. Dieses bildet mit seiner schlichten Maserung gewissermaßen die einzige Beruhigung, welche dem Auge gegönnt wird, denn die angrenzenden Felder überzieht ein feines Netz goldgefasster Schnitzereien. Alle diese Flächen sind zugleich verspiegelt. Geschickt verbarg Plitzner die Scheibenstöße der Spiegel hinter den geschnitzten Ornamenten, um dadurch den Eindruck zusammenhängender Spiegelflächen zu erzeugen. An das herkömmliche Möbelstück „Wandspiegel“ erinnern dabei nur die beiden, mit einem geschwungenen Rahmen versehenen Spiegel über dem Kamin und am Wandpfeiler zwischen den beiden Fenstern. Alle anderen Spiegelflächen erscheinen nicht als isolierte Dekorationsstücke, sondern so, wie die Decke von Stuck überzogen ist, als Träger des Ornaments. Die Spiegel werden damit als Wandfläche verstanden, auf die das gitterartige Ornament appliziert wurde.

Die wuchernden Schnitzereien verhindern, dass die Spiegel für sich wirken, beispielsweise um den Eindruck einer scheinbar endlosen Raumerweiterung zu erzeugen. Vielmehr möchte man annehmen, dass es Plitzner darum ging, den Formenreichtum seiner Schnitzereien durch Spiegelungen zu vervielfältigen. Vor allem aber verstand er es, die Spiegel für ein souveränes Wechselspiel von Schein und Sein einzusetzen. So entdeckt man beispielsweise vor den beiden großen Spiegeln über dem Kamin und zwischen den Fenstern zwei kleine halbe Baldachine, deren fehlende Hälften durch Spiegelungen ergänzt werden. Dadurch entsteht die Illusion von frei im Raum schwebenden, vollplastischen Baldachinen. Auf diesen sitzen zudem jeweils ein kleiner Affe und ein Eichhörnchen, die im Unterschied zu allen anderen Darstellungen nicht vergoldet, sondern in ihrer natürlichen Farbgebung gezeigt sind. Dieses kuriose Detail verdeutlicht den betont spielerischen Charakter dieses Raumes, der sich auch in anderen figürlichen Darstellungen offenbart. Die vergoldeten Schnitzereien der beiden Türen an der Kaminseite zeigen beispielsweise Zwerge mit Buckeln und Hakennasen, die den Kupferstichen von Jacques Callot (1592–1635) nachempfunden sind. Solcherart skurrile Figuren waren im frühen 18. Jahrhundert überaus beliebt – als Symbole für die Begrenztheit der menschlichen Existenz.

Das reiche Formenrepertoire der stuckierten Decke nimmt einzelne Elemente der Raumgestaltung Plitzners auf. Genau über dem Fürstenmonogramm befindet sich ein Spiegel, der die Initialen von Lothar Franz scheinbar verdoppelt. In der Hohlkehle gibt es weitere Spiegel, die aufgrund der leichten Schrägstellung unterschiedliche Ausschnitte der Plitzner'schen Raumschöpfung wiedergeben. Dazwischen liegen in den vier abgeschrägten Raumecken jeweils vergoldete Relieffelder. Die vier Reliefs zeigen Taten des Herkules, ein Thema, das im Schloss Weißenstein häufig anzutreffen ist. Verfolgt man die unsichtbaren Linien, welche die vier Herkules-Reliefs miteinander in Beziehung setzen, so treffen diese diagonal in dem Spiegel zusammen, der das Monogramm von Lothar Franz wiedergibt. Die Heldentaten des Herkules verweisen also auch hier auf den Hausherrn Lothar Franz.

Besonders eindrucksvoll ist das strahlende Blau der Decke, das in keinem anderen Raum des Schlosses Weißenstein nochmals vorkommt. Man kann es einerseits als Verweis auf das Himmelsgewölbe interpretieren, wodurch auch das Fürstenmonogramm gleichsam in himmlische Sphären erhoben wäre. Viel naheliegender erscheint jedoch der gestalterische Einfall Plitzners, die Deckengrundierung in der Farbe zu halten, die bei dem hier ausgestellten asiatischen Porzellan dominant auftritt. Zwar sind heute nicht mehr dieselben Porzellane ausgestellt wie zu Zeiten von Lothar Franz. Porzellane mit sogenanntem puderblauen Grund waren jedoch damals sehr beliebt. Dieses Blau wurde mittels Kobaltpulver hergestellt, und es ist nicht ausgeschlossen, dass auch Plitzner für sein Deckenblau Kobaltpartikel verwendete.

Ein Vergleich des heutigen Spiegelkabinetts mit Kupferstichen von Salomon Kleiner aus dem Jahr 1724 zeigt, dass sich dieser Raum – bis auf die Porzellane – heute noch genauso präsentiert wie damals. Es fehlen lediglich die schweren Vorhänge an den Fenstern, die es den damaligen Besuchern ermöglichten, die Pracht des Raumes mit oder ohne Blick auf die Natur zu genießen. Dass dieser Ausblick schließlich Plitzners Spiel von Schein und Wirklichkeit auf die Spitze trieb, belegt der Bericht einer Besucherin aus dem Jahre 1721: „... wenn die Thür zugemachet sehet es gar sonderlich weil die fenster hinaus auf das freye feld gehen u. sich in den gläsernen Wänden alles gar vielfältig präsentiert“.

UG.

Das Schlafzimmer

Direkt an das Spiegelkabinett angrenzend und mit diesem durch eine heute verschlossene Flügeltür verbunden liegt ein großer Raum, der allen Überlieferungen nach von Lothar Franz als Schlafzimmer genutzt wurde. Der privateste Teil der fürstbischöflichen Wohnräume war also im äußersten Eck des Nord-Ost-Pavillons untergebracht.

Ursprünglich schloss sich an den Verbindungsgang zum zweiten Italienischen Zimmer ein kleiner Toilettenraum an. Fließendes Wasser gab es hier allerdings nicht, ein Tischchen im Schlafzimmer des Fürstbischofs demonstriert die bescheidenen Möglichkeiten der Hygiene im frühen 18. Jahrhundert. Dort sind Waschschüssel, Bürste und Puderdose vor einem großen Spiegel aus der Lohrer Manufaktur platziert.

An der von Daniel Schenk (tätig 1714–1737) gestalteten Stuckdecke ist in der Mitte ein ovales Fresko mit dem schlafenden Endymion eingelassen, gemalt von Melchior Michael Steidl (gest. 1727). Diesen jugendlichen Helden aus der antiken Sagenwelt, der als besonders schön galt, hatten die Götter in einen tiefen Schlaf fallen lassen. Die in ihn verliebte Mondgöttin Luna konnte ihn deswegen unbemerkt betrachten und küssen. Über dem schlafenden Endymion spielen drei Putti mit Blumengirlanden, links stehen zwei tuschelnde Mädchen. Da die Darstellung von Luna und Endymion oft als Allegorie des Schlafes diente, erscheint es um so wahrscheinlicher, dass dieser Raum schon immer als Schlafzimmer vorgesehen war. Eingefasst wird das Deckenfresko von Bandelwerk. Am Rand der Decke zieht sich ein Reigen von drachenartigen Fantasievögeln mit weiblichen Brüsten hin.

Das Schlafzimmer ist – wie die sich anschließenden Räume bis zum Marmorsaal – mit aus dem Anfang des 19. Jahrhunderts stammenden Textilien, mit Schablonen bedruckte Jutebahnen, ausgestattet. Ursprünglich waren die Wände wohl mit Damaststoffen bespannt. In einer kleinen, mit Rokoko-Stuck gefassten Rundnische ist ein gusseiserner Ofen aufgestellt. Direkt gegenüber dem Bett ziert ein prächtiger Kamin die Wand, dessen Aufsatz aus grauem Marmor Ferdinand Plitzner entworfen hat. Das Baldachinbett des Kurfürsten ist mit gestickten Stoffen der Zeit eingeschlagen, die chinesische Motive aufweisen. Es wurde erst im 20. Jahrhundert aus einem anderen Teil des Schlosses in das kurfürstliche Schlafzimmer gebracht. Das Bett des Kurfürsten stand jedoch immer hier, sicherlich war es von eher barocker Gestalt.

Wie die vorhergehenden Räume dient auch das Schlafzimmer heute, trotz seines ausgeprägten Wohncharakters, als Galerie. In den Aufsatz des Kamins eingepasst ist ein großformatiges Bild des *Heiligen Franziskus von Assisi* (Inv. Nr. 306) von dem böhmischen Maler Johann Kupetzky (1667–1740), der in Anbetung vor einem Kreuz kniet. Mehrere Bilder aus dem Umkreis Anthonis van Dycks (1599–1641) schmücken zudem das Schlafzimmer. Ganz in der Ecke hängt der betende *Heilige Franz Xaver* (Inv. Nr. 162) von Anthonis van Dyck, bei dem es sich um ein eigenständiges Werk des Künstlers handelt. Der Heilige kniet auf einer Wolke und hält seine Hände über der Brust gekreuzt. Er trägt eine schwarze Kutte mit Stola und Alba. Sein Ausdruck ist von andächtiger Konzentration geprägt, von der linken Seite treffen Lichtstrahlen auf sein Antlitz. Als Supraporte über dem Durchgang zum Italienischen Zimmer dient eine *Vermählung der heiligen Katharina* (Inv. Nr. 481) und an der Wand gegenüber den Fenstern hängt eine *Grablegung Christi* (Inv. Nr. 168). Eine Kopie dieses Bildes dient als Altarbild in einer Seitenkapelle der unter dem Schlafzimmer liegenden Schlosskirche.

Über der Tür zum Spiegelkabinett hängt ein Gemälde von Matthias Stom (um 1600–nach 1650). Es zeigt, wie schon das Bild von Bernardo Strozzi im zweiten Italienischen Zimmer, den auferstandenen Christus in einer Wirtsstube in Emmaus, wie er sich zu zweien seiner Jünger an einen Tisch setzt und das Brot bricht (Inv. Nr. 257). Jesu Blick ist nach oben gerichtet, während die beiden Jünger mit aufgerissenen Augen Überraschung und Staunen ausdrücken.

Unter dem Gemälde mit der Darstellung des *Heiligen Franz Xaver* steht ein Schreibsekretär in schlichten strengen Formen, der vermutlich aus Italien stammt. In das dunkle Holz sind Blumen und Schmetterlinge in feiner Marketerietechnik eingelegt. Aquarellzeichnungen befinden sich an den Schüben hinter Glasrahmen. Auf dem Schreibtisch steht ein ungewöhnliches Objekt. Verschiedene Muscheln, Schnecken, Korallen und Schildpatt formen nach einem Holzschnitt von Albrecht Dürer aus dem Jahre 1515 das Relief eines Rhinozeros'. Herkunft und Datierung dieses in einen Holzkasten eingefügten Kunstwerks sind weitgehend ungeklärt, doch wird vermutet, dass es aus dem Besitz Kaiser Rudolfs II. (1576–1612) in Prag stammt und Bestandteil seiner berühmten Kunstkammer gewesen sein könnte. *TvS.*

Abb. 38 Schloss Weißenstein, das Schlafzimmer.

Abb. 39 Schloss Weißenstein, das Arbeitszimmer. 1715.

Das Arbeitszimmer

Vom Schlafzimmer tritt man aus dem Bereich des nordöstlichen Pavillons heraus in eine Raumfolge, die parallel zur Großen Galerie auf der Gartenseite des Hauptbaus verläuft. Zuerst erreicht man das ehemalige Wohn- und Arbeitszimmer von Lothar Franz. Dieser Raum ist ebenso wie die anderen beiden Wohnzimmer des Kurfürsten seit jeher mit zahlreichen Gemälden ausgestattet. Heute befinden sich im Arbeitszimmer überwiegend flämische, holländische und italienische Porträts des 16. bis 18. Jahrhunderts.

Die Wandverkleidung ist der ursprünglichen grünen Damastbespannung nachempfunden, während die vergoldeten Zierleisten noch original sind. Zwischen den Fenstern hängt ein Spiegel mit vergoldetem Schnitzwerk, entstanden um 1715. Der Fußboden zeigt in der Mitte eine Rosette mit gegittertem Bandelwerk, Ranken und Tulpen. Typisch für das Ornamentverständnis der Zeit um 1720 ist der unvermittelte Übergang von abstrakten Bändern zu organisch-floralen Formen.

Daniel Schenk (tätig 1714–1737) stuckierte die Decke mit weißem Bandel- und Rankenwerk auf hellgrünem Grund. Hervorzuheben sind jene farbig gestalteten Vögel, die das Bandelwerk auf heitere Art bevölkern. So stolziert ein Pfau eine Dekorleiste entlang, hat ein Storch gerade eine Schlange und ein Adler einen Fisch erbeutet. Auch gibt es einen aufgeblasenen Truthahn und eine Eule, die mit einem kleinen Vogel in ein Gespräch vertieft zu sein scheint. Über den Raumecken befinden sich vier kleine, anmutige Chinoiserien auf Goldgrund. Diese der asiatischen Malerei nachempfundenen Szenen verweisen auf einen wichtigen Aspekt der europäischen Kulturgeschichte des 18. Jahrhunderts: die Chinamode. In diesem Zusammenhang war vor allem das Sammeln ostasiatischer Porzellane weit verbreitet, die dann entweder in speziellen Porzellankabinetten zur Schau gestellt wurden oder, wie in diesem Raum des Schlosses Weißenstein, auf Podesten und Konsolen in einer Ofennische.

Mit der prunkvoll gestalteten Ofenecke hat sich ein wichtiges Detail der ursprünglichen Raumausstattung erhalten. Der gusseiserne Vasenofen, wie alle anderen Eisenöfen des Schlosses in Gießhütten des Untermaingebietes gefertigt, trägt im Sockelbereich die Initialen von Lothar Franz. Die Rückwand, wiederum mit Stuckdekorationen von Daniel Schenk, ist allerdings mehrfach übermalt worden, sodass die ursprüngliche Farbgebung größtenteils nicht mehr erkennbar ist. Im oberen Bereich befindet sich eine Nische, in der zwei Mohren eine Draperie halten, auf der mit lässig baumelnden Beinen ein kleiner Chinese sitzt. Die vielen kleinen Gefäße auf dem teilweise vergoldeten Kronenaufsatz des Ofens entsprechen vermutlich ebenso wie die Figuren auf den Wandkonsolen noch dem originalen Arrangement des frühen 18. Jahrhunderts; die fünf großen Deckel- und Flötenvasen kamen wahrscheinlich später hinzu. Die obere Nische war von Anfang an dafür vorgesehen, größeren Vasenschmuck aufzunehmen. So stuckierte Schenk drei muschelförmige Schalen, die jeweils von zwei kleinen echsenartigen Fantasiewesen und einer Schildkröte getragen werden und heute als Stellfläche für drei kostbare japanische Vasen dienen. Ebenso wie die beiden Deckelvasen neben dem Ofen entstanden diese um 1700 in der Gegend des japanischen Hafens Imari. Die sogenannte Imari-Ware, zumeist wie hier mit genrehaften Szenen und Blumendekor versehen, war zu Beginn des 18. Jahrhunderts in Europa sehr beliebt. Dagegen stammen die Figuren auf den Konsolen und die winzigen Väschen auf der schmiedeeisernen Ofenkrone aus China, entstanden während der Regierungszeit des Kaisers Kangxi (1662–1722). Lothar Franz bezog die auch damals schon sehr teuren fernöstlichen Porzellane aus Holland, aber auch von Jesuiten, die als Missionare in China tätig waren.

Links neben der Ofenecke fällt der Blick auf ein Möbelstück, das jedoch nicht zur ursprünglichen Ausstattung des Schlosses Weißenstein gehört. Es handelt sich um einen Spiegeltisch, der um 1710 von Ferdinand Plitzner (1678–1724) für Schloss Gaibach in Unterfranken gefertigt wurde. Beim Umbau dieses Renaissanceschlosses hatte Lothar Franz zwischen 1709 und 1713 ein Kabinett anlegen lassen, für das Plitzner Schnitzereien, Möbel sowie den Fußboden schuf. Heute ist dieser Raum nicht mehr erhalten, nur einzelne Teile seiner Ausstattung, darunter der Spiegeltisch. Dieses herausragende Möbelstück ist nicht nur eine der frühesten Arbeiten Plitzners, sondern auch eines der ersten deutschen Spiegelmöbel überhaupt. Der aus massivem Holz geschnitzte und vergoldete Tisch ist streng im Stil des französischen Louis Quatorze gestaltet und teilweise mit Spiegeln aus der Lohrer Manufaktur furniert. Die achteckigen Tischbeine schmücken jeweils Glasbahnen mit prächtiger Eglomisé-Malerei. Bei dieser Glasmaltechnik wird die Glasplatte rückseitig mit farbigem Lack überzogen, aus dem dann Ornamente und Inschriften herausgekratzt und mit Gold- oder Silberfolien hinterlegt werden. Sechs weitere Glasbahnen mit Eglomisé-Malereien, die nachträglich in die Tischplatte eingesetzt wurden, dienten ursprünglich im Gaibacher Kabinett als Wandschmuck.

Einen Höhepunkt der Pommersfeldener Möbelsammlung bildet der Schreibschrank im Zentrum des Arbeitszimmers, den Lothar Franz bei Ferdinand Plitzner für Schloss Weißenstein in Auftrag gab. Der Künstler starb jedoch überraschend im Jahre 1724, als der Schreibschrank erst zur Hälfte fertiggestellt war. Von Plitzner stammt sehr wahrscheinlich der Unterbau mit den sechs prachtvoll ornamentierten Feldern. Diese sind in einer Technik gestaltet, welche damals in Deutschland nur wenige Kunstschreiner beherrschten: Der Boulle-Technik, einer Sonderform der Marketerie, bei der neben verschiedenen Hölzern auch holzfremde Materialien wie Schildpatt, Messing, Zinn oder Elfenbein als Furnier verwendet wurden. Diese Technik wurde nach André Charles Boulle (1642–1732) benannt, einem Hofebenisten des französischen Königs Ludwig XIV., der sie zwar nicht erfunden, aber zu höchster Perfektion weiterentwickelt hatte. Plitzner erlernte die Boulle-Technik während seiner Tätigkeit bei dem Ansbacher Hofebenisten Johann Matouche (tätig ca. 1702–1728), der den Schreibschrank, das letzte Werk seines einstigen Schülers Plitzner, für Lothar Franz im Jahre 1725 fertigstellte.

Die in Boulle-Technik gefertigten Marketerien treten besonders eindrucksvoll auf der schrägen Pultplatte hervor. Verschlungenes Bandelwerk in graviertem Messing wurde hier mit Schildpatt kombiniert, das mit rotem Papier hinterlegt ist; an zentraler Stelle tanzt ein kleiner gemalter Harlekin unter einem verzierten Messingschirm. In den oberen sechs Feldern, die zum Teil als Verblendung von Schubkästen dienen, sind drei Elfenbein- und zwei Silberreliefs sowie ein kleines Ölgemälde zu sehen. Die beiden von dem Augsburger Meister Johann Andreas Thelot (1655–1734) in Silber getriebenen Reliefs beiderseits des Gemäldes zeigen links Amor und Psyche, während rechts die Mondgöttin Luna mit dem schlafenden Endymion dargestellt ist. Die drei unteren, von Ignaz Elhafen (um 1660–1725) fein geschnitzten Elfenbeinreliefs zeigen Bacchanalien, orgiastische Feiern zu Ehren des römischen Weingottes Bacchus. Das kleine Ölgemälde stammt von dem Maler des Freskos im Pommersfeldener Treppenhaus, Johann Rudolf Byss (1662–1738), und zeigt eine Allegorie der drei Künste Architektur, Skulptur und Malerei. In der unteren linken Bildecke weist Merkur mit seinem Heroldstab auf die weibliche Allegorie der Architektur, die Pläne von Schloss Weißenstein in den Händen hält. Hinter ihr zeichnet sich die Silhouette des schon gebauten Schlosses ab. Darüber sitzt die Allegorie der Malerei auf einer Wolkenbank und führt als ihr Meisterwerk ein Porträt von Lothar Franz vor. Über allen schließlich thronen Athena und Apoll, die Götter der Schönen Künste.

Das Hinzufügen der Reliefs und des Gemäldes in die Gestaltung des Schreibschranks geht auf Lothar Franz selbst zurück. Gerade bei diesem Möbelstück wollte er offenbar barocke Prachtentfaltung auf die Spitze treiben. Allerdings legte Lothar Franz auch Wert auf die praktische Benutzbarkeit des Schreibschranks. So ließ er die Elfenbeinreliefs am Aufsatz, und nicht, wie zunächst geplant, am Unterbau anbringen, weil er dann bei aufgeklappter Schreibplatte nicht gewusst hätte, „wo anderst im dafürsitzen mit den füßen" hin, schließlich könnte ja „leichterdingen etwas daran verbrochen und verdorben werden".

Den Aufsatz des Schreibschrankes zieren Aphrodite und Paris, zwei Elfenbeinstatuetten von Ignaz Elhafen, und eine Prunkuhr mit Spielwerk (um 1700) bildet schließlich den krönenden Abschluss dieses herausragenden Möbels. Die Bekrönung von Schreibmöbeln durch Tischuhren war im frühen 18. Jahrhundert vor allem in Frankreich und Belgien sehr in Mode. Bei dem Schreibschrank von Lothar Franz war die mittlere Plattform von Anfang an für eine Uhr vorgesehen, denn man weiß, dass Johann Matouche 1724 eigens nach Pommersfelden kam, um die dafür bestimmte Uhr zu vermessen. Es ist anzunehmen, dass Matouche eben jene Uhr vermaß, die noch heute auf dem Schreibschrank steht, denn diese, ein Meisterwerk des Pariser Uhrmachers De Lorme, soll der Familientradition nach ein persönliches Geschenk des Sonnenkönigs Ludwig XIV. an Lothar Franz von Schönborn gewesen sein.

Unter den im Arbeitszimmer ausgestellten Gemälden ist das *Bildnis eines Mannes aus dem Hause Farnese* (Inv. Nr. 81a) hervorzuheben, das als Werk des venezianischen Malers Tizian (um 1488–1576) gilt. Ebenfalls Tizian zugeschrieben wird das anmutige *Bildnis eines jungen Mädchens* (Inv. Nr. 81), das bereits seit der Mitte des 18. Jahrhunderts im Arbeitszimmer hängt. Einen detailreichen Ausschnitt des niederländischen Alltagslebens im späten 16. Jahrhundert gibt das Bildnis *Die junge Fischhändlerin* (Inv. Nr. 413) von Pieter Pietersz I., genannt Lange Pier (1540–1603). Von dem bekannten holländischen Porträtisten Bartholomäus van der Helst (um 1613–1670) stammt die *Dame mit Jagdfalken* (Inv. Nr. 237). *UG.*

Abb. 40 Schloss Weißenstein, der Schreibschrank aus dem Arbeitszimmer. Gefertigt von Ferdinand Plitzner (1678–1724) und Johann Matouche (nachweisbar 1702–1728). 1725.

Das Audienzzimmer

In dem auf das Arbeitszimmer folgenden Raum hielt Lothar Franz während seiner Sommeraufenthalte in Pommersfelden Audienzen ab. Die Besucher wurden durch die Große Galerie geführt und gelangten durch die Tür rechts neben dem Kamin in das Audienzzimmer. Von jeher mit zahlreichen Gemälden ausgestattet, hängen hier heute Werke von niederländischen, deutschen und italienischen Meistern des späten 16. bis 18. Jahrhunderts.

Insgesamt vermittelt der Raum noch einen guten Eindruck vom ursprünglichen Zustand. Seit 1714 waren die Wände mit rotem Damast bespannt und mit vergoldeten Zierleisten eingefasst. Der originale Fußboden zeigt aus verschiedenen Hölzern gefügtes, kassettenförmiges Tafelparkett.

Besonders prachtvoll ist die von Daniel Schenk (tätig 1714–1737) stuckierte Decke. Reich verschlungenes Bandel- und Rankenwerk umspielt ein zentrales, von Melchior Michael Steidl (gest. 1727) geschaffenes Deckenfresko, welches das Urteil des Paris zeigt. In den Ecken befinden sich vier schwungvoll gerahmte Chinoiserien auf Goldgrund, die von acht großen weiblichen Relieffiguren flankiert werden. Diese Figuren sind Personifikationen der Tugenden. So entdeckt man über dem rechten Fenster die Hoffnung mit dem Anker (Spes); über der Tür zum Arbeitszimmer die Liebe (Caritas); es folgt die Tapferkeit (Fortitudo), die einen Ölzweig haltend auf einem Löwen sitzt. Daneben findet sich die durch eine Säule symbolisierte Beständigkeit (Constantia). Über dem Eingang zur Großen Galerie erscheint die Keuschheit (Castitas) mit einer Lilie; danach die Weisheit (Sapientia) mit dem Spiegel als Zeichen der Selbsterkenntnis. Es folgen die Mäßigkeit (Temperantia), ein Messgerät haltend; und schließlich die Personifikation der Treue (Fides) mit Schlüssel und Hund. Über der Weisheit und der Mäßigkeit erhebt sich exponiert eine stehende Figur mit Waage und Schwert, die Kardinaltugend Gerechtigkeit (Justitia). An derselben Stelle auf der gegenüberliegenden Seite der Decke findet sich die Personifikation der Klugheit (Prudentia).

Zwischen den Fenstern hängen zwei große Spiegel aus der Erbauungszeit des Schlosses. Darunter befinden sich vergoldete Tische mit Marmorplatten, entstanden um 1715 in der Werkstatt, die von Ferdinand Plitzner (1678–1724) im oberfränkischen Eyrichshof geleitet wurde. Die beiden Tische sind im strengen französischen Stil der Zeit um 1710 gehalten. Zwischen Tragen und Lasten, das heißt zwischen Tischbein und Tischplatte, wird noch sehr deutlich unterschieden. Typisch für Plitzners wuchtige Möbelentwürfe ist das Einfügen bildhauerischer Elemente, wie hier die der vollplastischen Putti und Vasen.

Die gegenüberliegende Wand des Audienzzimmers schmückt ein Kamin mit großem Spiegel; davor steht ein Kaminschirm mit einer auf Leder gemalten Chinoiserie, dessen Gestell vermutlich um 1720 von dem Bamberger Kunstschreiner Servatius Brickard (1676–1742) gefertigt wurde. Den in Nussbaum furnierten Kaminaufsatz mit vergoldeten Zierraten schuf Ferdinand Plitzner um 1714. Zwei Genien halten über dem Spiegel die Initialen von Lothar Franz, die vor ein geschnitztes Gitternetz mit Spiegelscherben gesetzt sind. Betrachtet man die Wandaufteilung eingehender, so stellt man fest, dass der Kaminaufsatz die Wand in zwei gleiche Hälften teilt. Beiderseits des Kamins befinden sich zwei Türen, von denen nur die rechte als Zugang zur Großen Galerie benutzbar ist; die linke war schon immer eine Scheintür, welche – wie im Barock durchaus üblich – nur zum Zwecke einer symmetrischen Wandgliederung angelegt wurde. Über den beiden Türen hängen Bilder des italienischen Künstlers Francesco Trevisani (1656–1746), die sich bereits zu Lebzeiten von Lothar Franz an dieser Stelle befanden.

Die beiden Supraporten von Trevisani gehören zu einer Folge von vier gleich großen Ölgemälden, die Lothar Franz seinerzeit bei dem in Rom arbeitenden Künstler für Schloss Weißenstein in Auftrag gegeben hat. Alle vier Bilder, die beiden anderen hängen über den Türen zum Arbeits- und Speisezimmer, zeigen Szenen des Alten Testaments: *Joseph und die Frau Potiphars* (Inv.Nr. 591), *Susanna und die beiden Alten* (Inv.Nr. 594), *Bathseba im Bade* (Inv.Nr. 593) sowie *Amnon und Thamar* (Inv.Nr. 592). Diese im Barock sehr beliebten biblischen Geschichten, die von Begehren, Verführung und Entsagung berichten, setzte Trevisani effektvoll und theatralisch in Szene. Lothar Franz hatte in „des (...) Trevisano pensel und art zu malen einen absonderlichen gusto gefunden" und erwarb von diesem Künstler allein zwanzig Arbeiten für seine Sammlung.

Im Audienzzimmer sind weitere künstlerisch bedeutende Gemälde zu sehen, so etwa die beiderseits des Kamins hängenden Porträts des Niederländers

Abb. 41 Peter Paul Rubens (1577–1640), Die Caritas. Ölgemälde auf Eichenholz. 143 cm x 126 cm. Um 1615.

Abb. 42 Anthonis van Dyck (1599–1641), Amaryllis und Mirtillo. Öl auf Leinwand. Um 1630.

Gortzius Geldorp (1553– um 1616). Die beiden zusammengehörigen Bilder (Inv. Nr. 205, 206) zeigen vermutlich ein Ehepaar des späten 16. Jahrhunderts. Von dem deutschen Maler Johann Boeckhorst (1605–1668) stammt das bemerkenswerte Doppelbildnis eines Paares (Inv. Nr. 396), bei dem das Profil des Mannes unvermittelt im Hintergrund auftaucht. Ein kleines meisterhaftes Gemälde von Joseph Heintz dem Älteren (1564–1609), dem Kammermaler des Kaisers Rudolf II. in Prag, zeigt die pikante Darstellung eines *Schlafenden Amor* (Inv. Nr. 1): Während der Liebesgott auf dem Waldboden ausgestreckt ruht, untersuchen zwei Nymphen verstohlen seinen Köcher und prüfen die Spitzen der Pfeile.

Als Glanzpunkte der Schönborn'schen Sammlung fallen zwei Werke des bedeutenden flämischen Meisters Anthonis van Dyck (1599–1641) ins Auge, die seit 1719 im Audienzzimmer präsentiert werden: *Achill unter den Töchtern des Lykomedes* (Inv. Nr. 43) und *Amaryllis und Mirtillo* (Inv. Nr. 44). Beide Ölgemälde entstanden im Auftrag des holländischen Statthalters Frederik-Hendrik von Nassau-Oranien um 1630 in Den Haag. Die Geschichte von *Achill unter den Töchtern des Lykomedes* aus der griechischen Sagenwelt erzählt, wie Achill, als Mädchen verkleidet, bei König Lykomedes auf der Insel Skyros versteckt wird, um ihn vor dem Tod im Trojanischen Feldzug zu bewahren. Einem Schäferspiel von Giovanni Battista

Abb. 43 Schloss Weißenstein, das Audienzzimmer.

Guarini aus dem späten 16. Jahrhundert entstammt die Geschichte von *Amaryllis und Mirtillo.* Auch hier legt ein Mann, Mirtillo, Frauenkleider an, allerdings um an einem Wettbewerb im Küssen teilnehmen zu können. Van Dyck zeigt den Sieg Mirtillos, der gerade seine geliebte Amaryllis mit einem Blumenkranz krönt.

Auf einer Stellwand mitten im Raum platziert ist die *Caritas* (Inv.Nr. 470) von Peter Paul Rubens (1577–1640), ein um 1615 entstandenes Ölgemälde auf Eichenholz. Vermutlich 1713 im Auftrage von Lothar Franz in Amsterdam ersteigert, hing dieses Werk lange Zeit in der Großen Galerie des Schlosses Weißenstein. Die harmonische Komposition zeigt die christliche Kardinaltugend Caritas (Liebe) als junge Frau in leuchtend rotem Gewand, die entspannt auf dem Boden an eine Wiege gelehnt sitzt. Vier kleine Jungen tollen um sie herum. Zwei rangeln um eine Weintraube, ein anderer zupft am Kopftuch der Mutter, während der vierte versonnen aus dem Bild hinausschaut und damit die ausgesprochen natürlich und lebendig wirkende Szenerie zum Betrachter hin öffnet. Auch wenn wiederholt angenommen wurde, dass dieses Werk nur in Teilen von Rubens selbst, im Übrigen aber von seinen Werkstattgehilfen ausgeführt wurde, so verdient es ohne Frage einen besonderen Stellenwert in der Sammlung der Grafen von Schönborn.

UG.

Das Tafelzimmer

Im Anschluss an das Audienzzimmer folgt in der Enfilade das sogenannte Tafelzimmer. Dieser Raum verbindet heute das Audienzzimmer mit dem Marmorsaal und führt zugleich in das Treppenhaus. Zwischen den beiden Türen an der Westseite – die rechte führt in den Marmorsaal, die linke in das Treppenhaus – ist eine mit reichem Bandelwerk stuckierte Rundnische ausgeschnitten. Der steinerne Fußboden in der Nische lässt erkennen, dass hier ursprünglich ein gusseiserner Ofen gestanden hat, der von außerhalb des Zimmers befeuert wurde. Heute steht hier auf hohem Postament eine Büste des Hausherrn Lothar Franz Graf von Schönborn, die ihn als Fürstbischof mit Beffchen, edelsteinbesetztem Bischofskreuz und Hermelinumhang zeigt. Der bedeutende Wiener Porträtbildhauer Paul Strudel (1648–1708) schuf diese Büste aus weißem Tiroler Marmor im Jahre 1707 allein nach Porträtvorlagen, ohne Lothar Franz persönlich begegnet zu sein.

Auch diesen Raum ziert eine von Daniel Schenk (tätig 1714–1737) meisterhaft stuckierte Decke. Heiter und leicht erscheint das weiße Bandel- und Rankenwerk auf zartrosa Grund. Eine besondere Vorliebe Schenks, die sich bei fast allen Deckengestaltungen in Schloss Weißenstein wiederfindet, sind die farbigen, teilweise vollplastisch hervortretenden Reliefs von Vögeln. So gibt es in diesem Zimmer neben aufgescheuchten Adlern einen Papagei, der sich an den Krallen knabbert. In den Ecken befinden sich vier kleine gelbtonige Malereien mit Szenen aus der antiken Mythologie. Das runde Mittelbild zeigt gleichfalls eine Geschichte aus der Antike, nämlich wie Ganymed von Zeus in Adlergestalt auf den Olymp entführt wird. Dieses vor 1719 entstandene Ölgemälde stammt von Melchior Michael Steidl (gest. 1727).

Ursprünglich war das Tafelzimmer seit 1719 mit einer bemalten Ledertapete ausgestattet, die Szenen aus dem Leben des biblischen Königs Davids zeigte. Angesichts der Tatsache, dass David seit dem 16. Jahrhundert als Schutzpatron der Meistersinger und Musikkollegien galt, fallen in diesem Zimmer noch weitere Darstellungen ins Auge, die gleichfalls einen Bezug zur Musik herstellen. So entdeckt man auf den beiden Konsoltischen zwischen den Fenstern Marketerien aus verschiedenen, teilweise farbig gefassten Hölzern, die in beeindruckender Plastizität eine Fülle von Musikinstrumenten zeigen. Diese Tische gehören sehr wahrscheinlich zu einer früheren Ausstattung des Raumes. Auch Daniel Schenks Deckenstuck nimmt auf die Musik Bezug: An beiden Schmalseiten der Decke finden sich jeweils gesimsartige Rundbögen, auf denen musizierende Putti tollen. Die Vermutung liegt nahe, dass man in diesem Zimmer zu Lothar Franz' Zeiten nicht gespeist, sondern viel eher Musik gehört hat.

Erst in den 1950er-Jahren wurde die imposant gedeckte Tafel aufgebaut, die einen Eindruck von der Esskultur des 18. Jahrhunderts vermittelt. Noch vor 1729 entstanden die Gläser aus böhmischem Kristallglas und die silbernen Leuchter. Aus Frankenthal, einer der frühesten Porzellanmanufakturen in Europa, stammt das Porzellangedeck, gefertigt etwa um 1760. Bei der Tischdekoration, die mit Buchsbaumhecken, Obelisken und Skulpturen einen französischen Park des Barock nachahmt, handelt es sich dagegen um Nymphenburger Porzellan des 20. Jahrhunderts.

Spätestens seit der Mitte des 19. Jahrhunderts werden im Tafelzimmer zahlreiche Gemälde des italienischen Barock und Rokoko präsentiert. An der den Fenstern gegenüberliegenden Wand sind zwei Werke des Wiener Hofmalers Antonio Bellucci (1654–1726) positioniert, die bereits seit 1719 zur Pommersfeldener Sammlung gehören. *Die Findung Moses* (Inv. Nr. 27) und *Rebecca und Hagar am Brunnen* (Inv. Nr. 26) wurden als Gegenstücke konzipiert und durch die jeweils ganzfigurigen Frauendarstellungen aufeinander abgestimmt.

An zentraler Stelle hängt das großformatige Werk *Venus und Adonis* (Inv. Nr. 5) von Francesco Albani (1578–1660). Dieselbe Szene gestaltete auch der Florentiner Künstler Benedetto Luti (1666–1724) in einem Gemälde aus dem Jahre 1713 (Inv. Nr. 334). Das Gegenstück zur *Venus-und-Adonis*-Darstellung von Luti findet sich an der anderen Seite der Wand, welches ein weiteres Liebespaar der antiken Mythologie zeigt: *Luna und Endymion* (Inv. Nr. 333). Eben jene heimliche Liebkosung des schlafenden Endymion durch die Mondgöttin Luna zeigt auch ein kleinformatiges Gemälde (Inv. Nr. 595) von Francesco Trevisani (1656–1746). Zwei weitere Gemälde Trevisanis befinden sich an der Fensterseite: *Apoll und Daphne* (Inv. Nr. 589) zeigt den Moment, wo sich Daphne, die vor dem liebestollen Apoll flüchtet, in einen Lorbeerbaum verwandelt. Das Gegenstück (Inv. Nr. 590) veranschaulicht nicht minder theatralisch den Raub der Zeus-Tochter Proserpina durch Hades, den Gott der Unterwelt.

UG.

Abb. 44 Schloss Weißenstein, das Tafelzimmer. Stuck von Daniel Schenk (tätig 1714–1737). 1714. Deckengemälde von Melchior Michael Steidl (gest. 1727). Büste des Kurfürsten Lothar Franz von Schönborn, geschaffen von Paul von Strudel (1648–1708). 1707.

Abb. 45 Schloss Weißenstein, der Eingang in die Sala Terrena.

Die Sala Terrena

Im Erdgeschoss des Schlosses mündet das lichtdurchflutete Treppenhaus in eine dunkle, von Säulenreihen gestützte Halle, an deren nördlicher Seite einige Stufen hinab in die Sala Terrena führen. Den Weg säumen vier Stuckfiguren in Rundnischen von Daniel Schenk (tätig 1714–1737). Zunächst sind an den Seitenwänden des Treppenhauses die römische Göttin der Gärten, Pomona, und der römische Erntegott Saturn zu sehen; dann folgen beiderseits des Eingangs zur Sala Terrena Flora und Vulkan, deren Sockel jeweils mit groben Tuffsteinbrocken dekoriert sind. Eine skurrile Maske über dem Eingang, die aus verschiedenen Muscheln, Korallenästen, Glaszapfen und Spiegeln zusammengesetzt ist, fesselt schließlich den Blick. Nunmehr in einer dämmrigen Raumatmosphäre angekommen, wird klar, dass man sich in einem grottenartigen Vorraum befindet, der auf die Sala Terrena einstimmen soll. Steigt man hinab in diesen Saal, werden alle Erwartungen übertroffen.

Bereits die Architektur der Sala Terrena erzeugt den Eindruck eines höhlenartigen Raumes: Ein tief liegendes Gewölbe ruht auf mächtigen Pfeilern; und wegen der dicken Mauern fällt durch die sich zum Garten hin öffnenden Fenster stets nur wenig Licht. Die wuchtige Raumarchitektur ist zunächst bautechnisch begründet, denn die Sala Terrena muss die gesamte Last des darüberliegenden Marmorsaales tragen. Lothar Franz machte sich die baulichen Vorgaben zunutze, um sich in den Jahren 1722–1723 einen Grottensaal einrichten zu lassen, der heute zu den frühesten erhaltenen Räumen dieser Art in Deutschland gehört.

Die Ausgestaltung der Sala Terrena begann bereits während der Schlossbauphase, im Jahre 1715. Daniel Schenk versah Wände und Gewölbeteile mit reichem Bandelwerk und über den beiden Kaminen mit Chinoiserien und koboldartigen Wesen. Heute ist diese ursprüngliche Stuckdekoration teilweise nur noch schwer zu erkennen, da sie bei der endgültigen Ausgestaltung des Raumes überarbeitet wurde. Diesen Auftrag führte ab 1722 Georg Hennicke (tätig ca. 1718–1739) aus. Er überzog Gewölbe, Wände und Pfeiler mit einem grotesk anmutenden Gespinst aus Glimmer, Muscheln, Schnecken, Korallen, Glas und Mineralien, das sich nach langjährigen Restaurierungsarbeiten (1993–2000) nun wieder in nahezu alter Pracht präsentiert. Allerdings war die farbliche Grundierung ursprünglich in einem sehr hellen Blauton gehalten, die im Laufe der Zeit dunkelbraun oxidiert ist und heute den grottenartigen Charakter des Saales noch verstärkt.

Künstlich geschaffene Grotten waren seit der Renaissance in der Gartenarchitektur Italiens und später auch Frankreichs sehr beliebt. Gegen 1700 hielt die Grottenmode auch Einzug in die deutsche Residenzarchitektur. Die Grotte sei, so Lothar Franz in einem Brief an seinen Neffen Friedrich Karl, „ein essential-stück eines garthen". Dieses Stück „garthen" ließ Lothar Franz in Pommersfelden in das Schloss hineinverlegen. Insofern ist die Grotte ein Ort, der zwischen Kunst (Schloss) und Natur (Garten) vermittelt. Kennzeichnend für die barocke Sinnenfreude ist die spielerische Durchdringung von Natürlichem und Künstlichem. So entdeckt man verschiedenartige Fische mit Schuppen aus Glimmerplättchen; Masken, gebildet aus farbigen Glassteinen, Muscheln und Schnecken; herabhängende Glaszapfen, die Eiszapfen imitieren oder kleine Landschaften aus Tuffstein, Mineralien und Korallenästen, die sich unvermittelt über den Gesimsen der marmorierten Stuckpilaster auftürmen. Weiterhin faszinieren die grotesken Tierköpfe an den Pilasterkapitellen, die frei hängende Girlanden mit Blumen aus kleinen Muscheln und Glimmerplättchen in den Mäulern halten. Bei den gleichfalls mit Girlanden aus Glimmer und Muscheln versehenen Kronleuchtern fallen die an heutigen Weihnachtsschmuck erinnernden farbigen Glaskugeln ins Auge. Breite Bänder aus Mineralien rahmen Wandflächen, die fliesenartig mit unzähligen farbig unterlegten Glimmerplättchen überzogen sind. Wie nasse Fischschuppen glitzern diese Glimmerflächen, sobald ein Lichtstrahl auf sie fällt. Ebenso blitzen Amethyste und Bergkristalle aus dem Dunkel auf, sodass man erahnen kann, welche Glitzerpracht sich hier bei Kerzenlicht entfaltet hat. Dieses spannungsvolle Miteinander von Natur und Kunst erinnert an die Kunst- und Wunderkammern, die seit der Renaissance an den europäischen Fürstenhöfen in Mode waren. Hier versammelte man ausgestopfte Tiere neben Kunstwerken, dazu diverse Muschel- und Schneckenformen sowie Mineralien – damals als Kuriositäten begehrte Stücke eben, mit denen Lothar Franz seine Grotte schmücken ließ.

Beiderseits des Eingangs befinden sich vier Brunnen in Rundnischen, die heute schon aus denkmalpflegerischen Gründen nicht mehr in Betrieb sein können. Es ist jedoch noch gut zu erkennen, an welchen Stellen ursprünglich die Wasserdüsen plat-

Abb. 46 Schloss Weißenstein, ein Lüster aus der Sala Terrena.

ziert waren: in den Mäulern verspielter Seeotter oder bei den äußeren Brunnen in dem Mund einer Maske bzw. dem Maul eines Fisches, der von einem affenartigen Wesen getragen wird. Besonders die Maske am äußeren rechten Brunnen ist bemerkenswert, denn hier ist noch die bewegliche Metallzunge erhalten, welche den Wasserstrahl vermutlich in Schlängellinien verwandeln konnte, während der Wasserdruck die Augäpfel rollen ließ. Ein weiteres feuchtfröhliches Vergnügen, das typisch für den Barock ist, überliefert Salomon Kleiners Stich der Sala Terrena aus dem Jahre 1724: Hier sieht man zwei Damen vor einem der Brunnen schwungvoll in Bewegung geraten, weil offenbar unerwartet Fontänen vom Grottenboden aufspringen. Ein Höfling, der gleich daneben hockt und den unter einem Buchsbaumkübel versteckten Wasserhebel bewegt, verdeutlicht, wie dieser Überraschungeffekt zum passenden Zeitpunkt inszeniert wurde.

Das plätschernde Wasser und die vorherrschende Feuchtigkeit ergänzte die künstliche Grotte um ein natürliches Element und bringt sie damit der Idee eines erd- bzw. naturhaften Gebildes näher. Dass eine solche Grotte in der damaligen Vorstellung allgemeine Zyklen und Gesetzmäßigkeiten der Natur symbolisierte, verdeutlichen auch die um 1719 fertiggestellten Gipsskulpturen von Burkard Zammels (um 1690–1757). An der Wand zum Treppenhaus stellen sie die vier Elemente Erde, Luft, Wasser und Feuer dar (von links nach rechts). Gegenüber leiten die Personifikationen der vier Jahreszeiten zum Garten über. Dieser Zyklus wird ergänzt durch zwölf Putti-Reliefs, die den Gewölbeansatz umlaufend schmücken und die zwölf Monate des Jahres darstellen. Im Gewölbespiegel findet sich ein ovales Deckenfresko, das eine Allegorie der vier Tageszeiten zeigt: Aurora, die römische Göttin der Morgenröte, zieht mit einem von Drachen gezogenen Gespann durch die Lüfte; im Uhrzeigersinn folgt die Blüte des Tages, der Mittag; den Abend symbolisiert ein trunkener Satyr; und die Nacht erscheint schließlich als schlummernde Venus. Umliegend zeigen kleinere Fresken in geschweiften Stuckrahmen vier männliche Personen mit Rudern und Wassergefäßen; es sind dies Personifikationen der vier Paradiesflüsse. Daneben finden sich geschwungene Felder in grüntoniger Camaieu-Malerei, welche die vier damals bekannten Erdteile darstellen: Das Pferd steht für Europa, das Kamel für Asien, der Elefant für Afrika und das Krokodil für Amerika. Vier weitere kleine Fresken mit pustenden Putti-Köpfen als Allegorie der Winde und der Himmelsrichtungen komplettieren schließlich das Ausstattungsprogramm der Sala Terrena, welches auf die naturgegebene Ordnung des Weltganzen anspielt.

Als Kontrast zur Grotte wurden die beiden seitlich angrenzenden Nebenräume um 1716 von dem oberitalienischen Maler Giovanni Francesco Marchini (ca. 1672–1745) mit illusionistischer Architekturmalerei versehen. So täuscht die Malerei des westlichen Saales einen antikisierenden Gartenpavillon mit Ausblicken auf arkadische Landschaften vor. Dramatischer geht es im östlichen Nebensaal der Sala Terrena zu, denn hier lässt Marchini die Scheinarchitektur zusammenstürzen – eine malerische Spitzfindigkeit, deren Unterhaltungswert im Barock sehr geschätzt wurde. *UG.*

Abb. 47 Schloss Weißenstein, die Sala Terrena.

Die Schlosskirche

An der Außenfassade nicht ablesbar, verbirgt sich die Schlosskirche im Erdgeschoss des Nordostflügels. Über die Arkaden führt der Weg zum Eingangstor an der nördlichen Stirnseite. Von dort müssen noch einige Stufen zu dem tiefer gelegenen Kirchenraum überwunden werden. Dieser Teil des Schlosses ist als erster fertiggestellt worden, vor dem Altar wurde auch der Grundstein in den Boden eingelassen. Schon 1714 eingewölbt, wurde der Kirchenraum am 16. April 1718 der Unbefleckten Empfängnis Mariens geweiht.

Auf der rechten Seite ist eine Empore eingezogen, die die darunterliegende Sakristei und eine Seitenkapelle abschirmt. Die Brüstung der Empore dekorieren reich geschnitzte hölzerne Relieftafeln mit dekorativem Rankenwerk und Putti-Darstellungen aus der Erbauungszeit.

Die schlichte Decke mit Spiegelgewölbe und seitlichen Stichkappen stuckierte Daniel Schenk (tätig 1714–1737) mit Blumenranken und Bandelwerk. Ein ovales Deckenfresko mit der Aufnahme Mariens in den Himmel wird begleitet von vier seitlichen gerahmten Medaillons, die Moses mit dem brennenden Dornbusch im Osten, Noahs Opfer im Westen sowie Landschaftsszenen an den Seiten, die möglicherweise den Morgen und den Abend symbolisieren, zeigen. Das Deckenfresko stammt vermutlich von der Hand Johann Jakob Gebhardts (tätig 1704–1735), der wohl auch die seitlichen Medaillons freskiert hat. Diese wurden aber Anfang des 20. Jahrhunderts stark übermalt. Im Zuge der Restaurierung des Kirchenraums im Jahre 2000 konnten die Deckenfresken gereinigt und gesichert werden.

In einer stuckierten Nische des schlichten barocken Hochaltars steht eine Marienfigur, die wahrscheinlich der Bildschnitzer Hermann Backer (tätig 1716) fertigte. An den Seiten des geschweiften Giebels schweben zwei Engel, die das Wappenmedaillon der Schönborns umfangen. Zu den Höhepunkten der Ausstattung zählen vier lebensgroße Skulpturen aus Lindenholz, die der Jesuit Johannes Biterich (1675–1720) im Jahre 1715 geschaffen hat. An der Nordseite finden sich Kaiser Heinrich der Heilige in einer barocken Rüstung; rechts in einer Nische seine Frau, die Kaiserin Kunigunde; auf der Westseite folgen der heilige Martin und der heilige Franz von Assisi. Bei diesen vier Skulpturen handelt es sich um die letzten Arbeiten des Jesuiten, die er in Deutschland vollendete. Anschließend reiste er im Auftrag seines Ordens nach Chile. Noch aus der alten Dorfkirche stammt eine spätgotische, um 1510 geschaffene Madonna, die neben der Tür zur Sakristei auf einer barocken Konsole steht. An der westlichen Wand hängt eine *Anbetung der Könige* (Inv. Nr. 479) nach Peter Paul Rubens (1577–1640). In der sogenannten Schwesternkapelle unter der Empore befindet sich ein weiterer kleiner Altar mit einer Kopie des Gemäldes *Grablegung Christi* nach Anthonis van Dyck, das Original dazu hängt genau ein Geschoss höher im Schlafzimmer des Kurfürsten. *TvS.*

Abb. 48 Schloss Weißenstein, die Schlosskirche. 1718 vollendet.

Abb. 49 Der heilige Franziskus. Lindenholz, geschnitzt, teilweise gefasst. Geschaffen von Johannes Biterich (1675–1720). 200 cm hoch. 1715.

Der Marstall mit der Sattelkammer

Dem Schloss gegenüber legt sich der Marstall in einem halbrunden Bogen um den Ehrenhof und bildet ein stilistisch eigenständiges Gegenüber. Nach den Worten von Lothar Franz Graf von Schönborn sollte der Marstall „eine schöne vista gegen das haus undt die stiegen machen", während der eigentliche Zweck des Gebäudes dem Betrachter verborgen blieb. Der Entwurf zu diesem prachtvollen Stallgebäude stammte nicht von dem Architekten des Schlosses, Johann Dientzenhofer (1665–1726), sondern von dem Mainzer Hofbaumeister Maximilian von Welsch (1671–1745), der 1714 hierzu den Auftrag erhielt. Auch dessen Pläne ließ der Kurfürst in Wien von seinem Neffen Friedrich Karl und dem Wiener Baumeister Johann Lucas von Hildebrandt (1668–1745) begutachten. Nach einigen Veränderungen wurde am 6. April 1717 der Grundstein gelegt, 1718 waren der Marstall und die dahinterliegenden Stallungen des Wirtschaftshofs vollendet.

Zum Ehrenhof erhebt sich der Marstall als eingeschossiger Bau mit flachem Halbgeschoss (Mezzanin), in dem alle Fenster queroval angelegt sind. An den Seiten des Halbrunds schließen sich Pavillonbauten auf nahezu quadratischem Grundriss an, die die strenge Fassadengliederung fortsetzen. Über den ovalen Fenstern des Mezzanins zieht sich ein kräftig vorspringendes Gesims, auf dem nochmals eine hohe Attikazone aufgesetzt ist, auf der im Wechsel gusseiserne Urnen und Waffenschilder aus Sandstein aufgestellt sind. Von der Rückseite lässt sich erkennen, dass es sich um freistehende Mauern handelt.

Jedes Fenster ist zusammen mit dem darüberliegenden Ovalfenster von einem vorgeblendeten Arkadenbogen in bossierter Sandsteinquaderung gerahmt. Nur der Scheitelpunkt des Marstallgebäudes wird durch einen ebenfalls im leichten Halbrund hervortretenden Risaliten betont. Doppelsäulen tragen einen geschwungenen freistehenden Giebel, in dem die Kirchenglocke aufgehängt ist. Auf den Seiten des Giebels stehen zwei allegorische Figuren, die mit den Attributen Sonne und Mond den Tag und die Nacht verkörpern. Hinter dem Mittelstück verbirgt sich die sogenannte Sattelkammer, nach der Beschreibung des Kurfürsten ein „hübsch proportiniert ovalsalet, aus welchen ich in alle meine ställe rechts und links gehen und mir meine pferdt vorführen und reithen sehen kann". In den Flügeln links und rechts der Sattelkammer schlossen sich die Stallungen an, von denen die östliche Hälfte ihren ursprünglichen Charakter erhalten hat. Die Sattelkammer als Zentrum des Marstalls ließ Lothar Franz ausmalen.

Abb. 50 Schloss Weißenstein, der Mittelbau des Marstalls. 1718.

Die auf ovalem Grundriss angelegte Sattelkammer wird von einem flachen Kuppelgewölbe überspannt, in das über den Durchgängen zu den Stallungen und zum Hof Stichkappen eingeschnitten sind. Die Perspektive der Malerei ist auf einen etwas erhöhten Betrachterstandpunkt im Eingangsbereich ausgerichtet, sodass sich die volle illusionistische Wirkung der Malerei entfaltet, wenn man auf einem Pferd sitzend den Raum betrachtet. Auf dem gemalten Gebälk tummeln sich Putti, die verschiedene Utensilien der Jagd und der Reiterei in den Händen halten. Über den Gesimsen hängen Reitdecken und Zaumzeug, Reitstiefel und Gerten. Die szenischen Darstellungen sind auf gerahmte Felder reduziert, die Wanddurchbrüche vortäuschen und scheinbar den Blick ins Freie lenken. In den Darstellungen werden Pferde vorgeführt, rechts von orientalisch anmutenden Männern. Das zentrale Deckenbild dagegen ist wie ein Gemälde gerahmt und zeigt eine Szene der antiken Mythologie: Perseus sitzt auf seinem Pferd Pegasus und holt gerade zum entscheidenden Schlag gegen das Seeungeheuer aus, das Andromeda bedrohte.

Dieses Mittelbild und auch die szenischen Darstellungen in den Architekturdurchblicken sind wahrscheinlich das Werk von Johann Rudolf Byss (1662–1738), während die Architekturkulissenmalerei Giovanni Francesco Marchini (ca. 1672–1745) zuzuschreiben ist. *UG.*

Abb. 51 Schloss Weißenstein, Fresko in der Sattelkammer des Marstalls (Ausschnitt).

Der Park und die Nebengebäude

Schon während der Erbauung des Schlosses beschäftigte sich Lothar Franz Graf von Schönborn mit der Gestaltung des Gartens, der sich heute als englischer Landschaftsgarten zeigt. An die ursprüngliche Gestalt erinnern nur noch ein Grundriss und eine Ansicht in Vogelperspektive von Salomon Kleiner von 1724. Zumindest die Ansicht aus der Vogelperspektive zeigt die idealisierte Ansicht eines Barockgartens, wie er wohl geplant, aber nicht in vollem Umfang realisiert worden ist. Mit ersten Planungen für den Garten beauftragte Lothar Franz den Architekten des Marstalls, Maximilian von Welsch, der schon 1714 erste Pläne lieferte. Von umfangreichen Pflanzenlieferungen wird berichtet, so beispielsweise von Lorbeer-, Pomeranzen- und Feigenbäumen. Für das Jahr 1723 ist überliefert, dass die Wasserkaskaden und die Springbrunnen erstmals liefen. Die Arbeiten an der Gartenanlage zogen sich jedoch hin, sodass diese im Jahre 1729, als Lothar Franz verstarb, noch keineswegs abgeschlossen waren. Bis zu seinem Tod waren vermutlich drei Ebenen des terrassenartig angelegten Gartens fertiggestellt, der sich nur in der Breite des Schlosses von der Rückfassade in Richtung Dorf auf dem abfallenden Gelände ausbreitete.

Nach dem Tode von Lothar Franz übernahm sein Neffe Friedrich Karl Graf von Schönborn (1674–1746) das Pommersfeldener Erbe. Unter seiner Regie wurden die Gartenanlagen erweitert und zahlreiche Skulpturen aufgestellt, von denen sich aber nichts erhalten hat. In seinem Auftrag erstellte der Würzburger Baumeister Balthasar Neumann (1687–1753) einen neuen Gartenplan, der wohl nur teilweise umgesetzt wurde. Vermutlich schon gegen Ende des 18. Jahrhunderts brach man Teile der Kaskaden wieder ab, wie ein Reisebericht von 1786 mitteilt. Anfang des 19. Jahrhunderts erhielt der Park die Gestalt eines englischen Landschaftsparks, wie sie sich bis heute erhalten hat.

Ob die hohe Mauer, die heute den Park umgibt, schon in der Erbauungszeit errichtet wurde, ist zweifelhaft, denn auf den Stichen Salomon Kleiners wird nur die barocke Anlage in der Breite der Schlossfront mit einer Mauer eingeschlossen. Wahrscheinlich ließ sie Friedrich Karl Graf von Schönborn errichten, der den Park deutlich erweiterte.

Zwischen den Wiesen und Baumgruppen des Landschaftsgartens verstecken sich einige architektonische Kleinode. In der nordwestlichen Ecke steht an einem See ein kleines klassizistisches Gebäude mit einem kleinen Austritt direkt am Ufer, das 1832 nach den Plänen von Johann Gottfried Gutensohn (1792–nach 1844) errichtet wurde. Das streng gegliederte Haus mit flachem Walmdach diente im Sommer als Tee- und Badehäuschen. Weitaus jünger ist das Parkwärterhäuschen an dem Tor, das zum Kern des Dorfes Pommersfelden führt. Es wurde um 1910 gebaut. Dem jeweiligen Parkgärtner diente es als Bleibe.

In dem ursprünglich in französischem Stil gehaltenen Park standen zahlreiche südliche Topfpflanzen, so vor allem die Pomeranzen, Orangenbäumchen, die schon allein wegen der Nähe ihres Namens zum Ortsnamen Pommersfelden von Lothar Franz geschätzt wurden. Alle Kübelpflanzen mussten während des Winters gegen Frost geschützt werden. Deswegen entstanden in Pommersfelden mehrere Orangeriebauten an den Zugangswegen zum Ehrenhof. Die nordöstliche, die sogenannte Fasanerie, diente allerdings von Anfang als Quartier für Torwächter und Gärtner und wurde später als Sitz der Forstverwaltung genutzt. In der südöstlichen Orangerie hat sich bis heute der große Pflanzensaal erhalten, der während des Winters mit Kübelpflanzen vollgestellt wurde. Geheizt wurde mit zwei noch vorhandenen großen gusseisernen Öfen. Schon 1732 wurde in der südwestlichen Orangerie eine Schlossbrauerei errichtet (heute Hotel), seit Anfang des 19. Jahrhunderts dient die gegenüberliegende Orangerie als Schlossgaststätte.

Auf dem Gelände des Wirtschaftshofs, der ehemals als Gemüse- und Kräutergarten diente, befindet sich noch ein außergewöhnliches Kleinod der frühen Orangeriebauten Deutschlands, das Palmenhaus. Von der Kastanienallee Richtung Osten lässt sich die Rückseite und das elegante Mansarddach betrachten, das mit den originalen handgestrichenen Biberschwänzen eingedeckt ist. Zur Gartenseite öffnet sich das Palmenhaus mit hohen, leicht schräggestellten Fenstern zwischen gerundeten Pfeilern gegen Süden. Hier werden bis auf den heutigen Tag die Palmen für den Ehrenhof während des Winters untergebracht, eine einfache Holzheizung im Keller, deren warme Abluft mittels eines Kanals durch das Gewächshaus geführt wird, schützt gegen Frost. Die eleganten Schwünge der Fassade lassen vermuten, dass dieses Gebäude um 1730 nach einem Riss Balthasar Neumanns entstanden sein könnte, als dieser sich mit der Umgestaltung der Parkanlage beschäftigte. *TvS.*

Abb. 52 Schloss Weißenstein, Blick vom Park zum Schloss.

Glossar

Attika	Mauerzone über dem Gesims einer Säulenreihe.
Bandelwerk	Dekorationsmotiv des späten 17. und des 18. Jahrhunderts, das seine Formen aus Bändern bildet.
Beletage	Hauptgeschoss mit Repräsentationsräumen, zumeist handelt es sich um das erste Geschoss. In der Regel in der Fassadengliederung deutlich hervortretend.
Bossiert	Die Oberfläche eines Steines ist nur grob und unregelmäßig behauen.
Enfilade	Folge von Räumen, deren Durchgänge in einer Linie ausgerichtet sind. Dem Besucher eröffnet sich ein Blick durch mehrere Räume.
Grisaille	Malerei, die in einer Farbe, grau in grau, gehalten ist.
Kapitell	Der oberste, ausladende Teil eines Pfeilers, Pilasters oder einer Säule.
Kompositkapitell	Ein aus mehreren Stilelementen zusammengesetztes Kapitell.
Lamberie	Wandverkleidung, vor allem aus Holz.
Mezzanin	Niedriges Zwischengeschoss bzw. Halbgeschoss, das sich oft bei barocken Schlossbauten findet.
Pilaster	Pfeilerförmige, mit Basis und Kapitell ausgestattete Wandvorlage.
Risalit	Gebäudeteil, der aus einem Baukörper in voller Höhe hervortritt.
Supraporte	Wandfeld über einem Durchgang oder einer Tür.

Literatur (Auswahl)

[Ausstellungskatalog] Die Grafen von Schönborn. Kirchenfürsten, Sammler, Mäzene, hg. von Gerhard Bott. Germanisches Nationalmuseum Nürnberg. Nürnberg 1989.

[Ausstellungskatalog] 250 Jahre Schloss Pommersfelden (1718–1968), bearb. von Wilhelm Schonath. Volkach 1968.

Dehio, Georg: Handbuch der Deutschen Kunstdenkmäler, Bayern I: Franken. München 1979, S. 678 ff.

Fischer, Hanns: Der gräflich Schönborn-Wiesentheidsche Bilderbesitz. Bamberg 1927.

Freeden, Max H. von: Pommersfelden. Schloß Weißenstein. Königstein im Taunus o. J.

Freeden, Max H. von: Kunst und Künstler am Hofe des Kurfürsten Lothar Franz von Schönborn. Würzburg 1949.

Freeden, Max H. von: Quellen zur Geschichte des Barocks in Franken unter dem Einfluß des Hauses Schönborn, Teil I, II. Würzburg 1955.

Freeden, Max H. von: Die Barockzeit – Die Kunst. In: Bilder aus der Bayerischen Geschichte, hg. von Alois Fink. Nürnberg 1953, S. 190 ff.

Frimmel, Theodor von: Verzeichnis der Gemälde in gräflich Schönborn-Wiesentheid'schem Besitz. Pommersfelden 1894.

Hantsch, Hugo: Führer durch das Schloß Pommersfelden der Grafen v. Schoenborn. Bamberg o. J. [ca. 1930].

Hofmann, Walter Jürgen: Schloss Pommersfelden. Geschichte seiner Entstehung. Nürnberg 1968 (Erlanger Beiträge zur Sprach- und Kunstwissenschaft, Bd. 32).

Hofmann, Walter Jürgen: „In campis Pomeranicis." Ikonologie als Fiktion und Geschichte. In: Wiener Jahrbuch für Kunstgeschichte 43 (1990), S. 129–155.

Jürgensmeier, Friedhelm: Lothar Franz von Schönborn. In: Fränkische Lebensbilder, Bd. 8, 1978.

Klyher, Johann Anton: Preisgedicht auf Pommersfelden 1722. Eingeleitet und herausgegeben von Katharina Bott. Neustadt/Aisch 1986.

Kreisel, Heinrich: Das Schloß zu Pommersfelden. München 1953.

Mayer, Bernd M.: Johann Rudolf Byss (1662–1738). Studien zu Leben und Werk. München 1994.

Meintschel, Joachim: Studien zu Maximilian von Welsch. Würzburg 1963 (Veröffentlichungen der Gesellschaft für fränkische Geschichte, Reihe 8, Bd. 2).

Meyer, Otto: Kurfürst Lothar Franz von Schönborn. Bamberg/Wiesbaden 1957.

Paulus, Helmut Eberhard: Zur Ikonologie von Schloß Weißenstein zu Pommersfelden. In: Ars bavarica 25/26 (1982), S. 73–101.

Schiedermair, Werner: Dr. Karl Graf von Schönborn-Wiesentheid (Nachruf). In: Mainfränkisches Jahrbuch für Geschichte und Kunst 51 (1999). Würzburg 1999, S. 3 ff.

Schraut, Sylvia: Das Haus Schönborn. Eine Familienbiographie. Paderborn/München/Wien/Zürich 2005.

Teufel, Richard/Breuer, Tilman: Schloß Weißenstein ob Pommersfelden. Große Baudenkmäler Heft 65. München/Berlin, 16. Auflage 1969.

Abb. 53 (Umschlagseite): Schloss Weißenstein, Blick in einen der Nebenräume der Sala Terrena mit Fresken von Giovanni Francesco Marchini (ca. 1672–1745). 1716.